開業医が知っていると得する

稼いだお金の上手な残し方

改訂新版

実は生命保険でできるんです！

牧野克彦［著］

税理士 内田 誠［監修］

近代セールス社

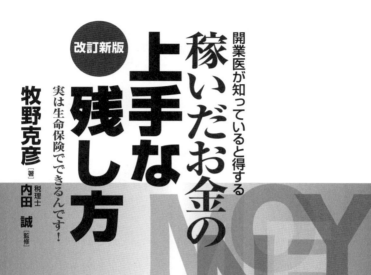

はじめに　開業医として頑張っていらっしゃる先生へ

この本は、日本の健康を地域で支える開業医の先生方が「お金の心配」や「お金の不安」「お金の悩み」から解放され、地域医療に専念していただく環境を作るお手伝いをする……そんな思いで書きました。投資や節税ではなく、先生方が「生涯手取りを増やす方法」を伝えることを目的としています。

今、この本を手にしている先生は医師であると同時に経営者でもあります。だから医療以外の仕事もいっぱいあると思います。

例えば、

・スタッフの管理育成
・新患を増やす
・レセプトの請求
・支払い
・院外薬局との折衝
・新たな医療技術等の勉強

・税金の問題
・資産形成
等々、数え上げればきりがないと思います。

その中でも多くの先生が苦手な「資産形成」、つまり有利に「お金を残す」ことについてお話しします。私が300院所を超える先生から相談を受け、その先生と一緒になって考え、結果として先生が「これで日頃からお金のことで悩まなくても大丈夫になった」「これで安心だ」という状態になっていただくことができるようになった方法をお話しします。私がこの本でお話しする方法はすべて先生と一緒になって悩み考えたことです。

そして、先生が安心して地域医療の貢献に専念していただけるようになったら、こんなに嬉しいことはありません。その結果、子供からお年寄りまでが健康で元気な明るい社会になれば素晴らしいと思います。それが日本の未来を素晴らしいものにする第一歩だと確信しています。

もし、先生が「お金の悩み」から解放され、ご自身の未来をお金の心配のない安心で素晴らしいものにしたいと思われたら、ご一読ください。先生なら簡単に理解できて、すぐに実行できる方法が見つかることでしょう。

はじめに

その前に少しだけ私がこの本を書こうと思ったきっかけについてお話しさせてください。

私は大阪を中心に開業医の「財務戦略（お金を有利に残す）」のお手伝いをしています。

今までに３００院所を超える先生の相談に乗ってきました。そして実際に２５０院所の「財務コンサルタント」として先生の財務戦略プラン（お金を有利に残すプラン）の作成とその実行のお手伝いをしています（平成30年5月現在）。

また、私は開業医の先生方を対象とした「財務戦略セミナー」で今までに80回以上講師としてお話しをさせていただきました。

主なテーマは、

・医療法人を最大限活かしてお金を残すセミナー
・医療法人化って損得どっち？
・医療法人の出資金対策セミナー
・ＭＳ法人徹底活用
・個人開業医が有利にお金を残すセミナー
・開業医のための資産運用と管理法
・相続についての対策と実践

といったものです。

セミナーに参加された開業医の先生方は約２０００名を超えています。

そんな中で、開業医の先生方から相談されることは以下の7項目（開業医の７つのお金の悩み）で90％を超えていることに気づきました。

①　結構稼いでいるのに意外に残らない
②　稼いでも税金ばかり増えて残らない
③　得になると言われて医療法人化したけれど何が得か分からない
④　医療法人化を考えているが損か得か分からない
⑤　税理士に聞いてもハッキリ答えてくれない
⑥　個人の確定申告書や医療法人の決算書の中身が分からない
⑦　投資で痛い目にあったので安全で確実な投資があれば知りたい

特に多い相談が、「結構稼いでいるのに、意外に残らない」「得になると言われて医療法人化したけれど、何が得か分からない」「医療法人化を考えているが、損か得か分からない」の３つです。

はじめに

医学部や歯学部を卒業し、頭脳明晰な先生がなぜそんなことを分からないのでしょうか？　私はとっても不思議でした。そして先生方からヒアリングして分かったことは、
・今まで、お金や税金について勉強したことがない
・興味がない
・他人（税理士や銀行マン、証券マン、生保営業マン等）任せにしている
・勉強しても残るお金は変わらないと思っている
そんな理由でした。

でも、実際には具体的な対策や方法を知っていて実行している先生と、何もしていない先生とでは「生涯手取り」が数千万円から1億円以上変わることもあるのです。

実際に、私が担当している先生方はお金を残すプランを実行しています。

この本では、先生に私が実際にお手伝いしてきたことを実例を挙げながら具体的に分かりやすくお伝えしていきます。もし今、先生が「開業医の7つのお金の悩み」をお持ちでしたらお役に立てると思います。

なお、本編を読まれる前に申し上げておきたいことがあります。

この本の基本スタンスは、「お金を大きく増やすこと」ではありません。むしろ「お金を安全・確実に守る」ことに主眼を置いています。多額の投資や、大きなリターンをお望みの先生にはお役に立てません。その点をまずご理解いただいたうえでお読みいただきますよう、お願いいたします。

項目別に具体的な事例とその解決策を分かりやすく記載していますので、先生が必要と思われる章だけをお読みいただくのも大いに結構です。

では、本文でお目にかかりましょう。

目次

目　次

第5章　Q&A　開業医の先生方からよくある質問・103

◆巻末資料／開業医の相続対策（元 国税調査官／相続専門税理士　内田　誠）・115

本文を読まれる前に

本書は、税務について詳細な説明や解説をすることを目的にしていません。日頃地域医療のために頑張っていらっしゃる先生方のより良い資産作りをお手伝いし、お金の心配のない人生を過ごされるきっかけになることを目的としています。

また、平成30年度の税制は政局の不安定もあり、今後の動向が分かりづらく、さらに復興増税や租税措置法も絡み合って非常に複雑になっております。税務について詳細な解説をすると、本来伝えたいことや、伝えるべきことが分からなくなってしまいます。そのため、税率等税制につきましては「大まかな数字と概算」で表記しております。そのことをご理解いただいたうえでお読みいただきますようお願いいたします。実際に実行される際には、顧問税理士等専門家とよくご相談ください。

序章

先生、開業医の最大のコストは税金です！

牧野　先生、開業医の一番のコストって何ですか?

医師　それは人件費だろう?

牧野　いいえ、一番のコストは税金です。だって出ていくお金の中で一番金額が大きいと思いませんか?　だから税金の仕組みを理解するとお金を残す方法が見えてきます。決算書や確定申告書の作成は税理士さんに任せ、先生は理解することが大切です。

先生はご自身が納めていらっしゃる税金について、種類や金額をご存知ですか?

医師　そんなことを言っても今まで勉強したこともないし、実はよく知らないんだよ。

牧野　それが先生、とっても簡単です。ご説明いたしますね。

ここで確定申告書、貸借対照表、損益計算書の例を挙げておきます。

何がどこに記載されているのかを、先生も一度その金額を確かめてみてはいかがでしょうか?

＜個人事業の場合の確定申告書の例＞

税務署長　年　月　日　平成 29 年分の所得税及び復興特別所得税の申告書B　FA0122

第一表（平成二十八年分以降用）

住所（又は事業所・事務所・居所など）　個人番号　フリガナ　氏名　性別　男・女　職業　屋号・雅号　世帯主の氏名　世帯主との続柄　平成　年1月1日の住所　生年月日　電話番号　自宅・勤務先・携帯

（単位は円）

収入金額等	事業　営業等	㋐	124200000
	事業　農業	㋑	
	不動産	㋒	
	利子	㋓	
	配当	㋔	
	給与	㋕	
	雑　公的年金等	㋖	
	雑　その他	㋗	
	総合譲渡　短期	㋘	
	総合譲渡　長期	㋙	
	一時	㋚	
所得金額	事業　営業等	①	52750000
	事業　農業	②	
	不動産	③	
	利子	④	
	配当	⑤	
	給与	⑥	
	雑	⑦	
	総合譲渡・一時	⑧	
	合計	⑨	52750000
所得から差し引かれる金額	雑損控除	⑩	
	医療費控除	⑪	
	社会保険料控除	⑫	800000
	小規模企業共済等掛金控除	⑬	
	生命保険料控除	⑭	100000
	地震保険料控除	⑮	
	寄附金控除	⑯	
	寡婦、寡夫控除	⑱	0000
	勤労学生、障害者控除	⑲〜⑳	0000
	配偶者（特別）控除	㉑〜㉒	0000
	扶養控除	㉓	0000
	基礎控除	㉔	380000
	合計	㉕	1280000

税金の計算	課税される所得金額（⑨－㉕）又は第三表	㉖	51470000
	上の㉖に対する税額又は第三表の㊿	㉗	17792000
	配当控除	㉘	
		㉙	
	（特定増改築等）住宅借入金等特別控除	㉚	
	政党等寄附金等特別控除	㉛〜㉝	
	住宅耐震改修特別控除等	㉞〜㊲	
	差引所得税額	㊳	17792000
	災害減免額	㊴	
	再差引所得税額（基準所得税額）	㊵	
	復興特別所得税額（㊵×2.1%）	㊶	
	所得税及び復興特別所得税の額（㊵＋㊶）	㊷	
	外国税額控除	㊸	
	所得税及び復興特別所得税の源泉徴収税額	㊹	3700000
	所得税及び復興特別所得税の申告納税額	㊺	14092000
	所得税及び復興特別所得税の予定納税額（第1期分・第2期分）	㊻	8700000
	所得税及び復興特別所得税の第3期分の税額　納める税金	㊼	5392000
	還付される税金	㊽	
その他	配偶者の合計所得金額	㊾	
	専従者給与（控除）額の合計額	㊿	6000000
	青色申告特別控除額	(51)	650000
	雑所得・一時所得等の源泉徴収税額の合計額	(52)	
	未納付の所得税及び復興特別所得税の源泉徴収税額	(53)	
	本年分で差し引く繰越損失額	(54)	
	平均課税対象金額	(55)	
	変動・臨時所得金額	(56)	
延納の届出	申告期限までに納付する金額	(57)	00
	延納届出額	(58)	000

還付される税金の受取場所　銀行・金庫・組合・農協・漁協　本店・支店・出張所・本所・支所　郵便局名等　預金種類　普通・当座・納税準備・貯蓄　口座番号・記号番号

整理欄　区分 A B C D E F G H I J K　異動　管理　名簿　補完　確認

税理士署名押印・電話番号　税理士法第30条の書面提出有　税理士法第33条の2の書面提出有

←復興特別所得税額の記入をお忘れなく。

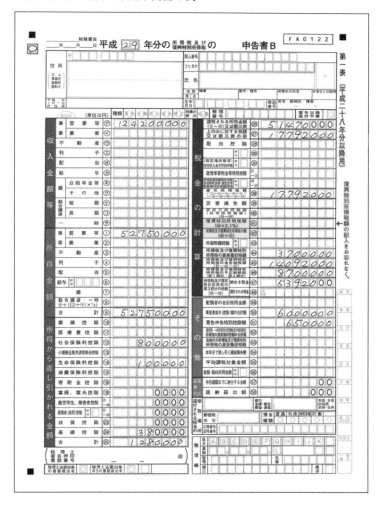

調）

（平成29年12月31日現在）

・　資　本　の　部	
1月　1日（期首）	12月　31日（期末）
円	円
1,400,000	400,000
30,100,000	12,700,000
500,000	400,000
100,000	100,000
900,000	700,000
	6,000,000
71,100,000	71,100,000
	53,400,000
104,100,000	144,800,000

製造原価の計算

（原価計算を行っていない人は、記入する必要はありません。）

科　目			金　額
原材料費	期首原材料棚卸高	①	円
	原材料仕入高	②	
	小　計（①＋②）	③	
	期末原材料棚卸高	④	
	差引原材料費（③−④）	⑤	
労務費		⑥	
その他の製造経費	外注工賃	⑦	
	電力費	⑧	
	水道光熱費	⑨	
	修繕費	⑩	
	減価償却費	⑪	
		⑫	
		⑬	
		⑭	
		⑮	
		⑯	
		⑰	
		⑱	
		⑲	
	雑費	⑳	
	計	㉑	
総製造費（⑤＋⑥＋㉑）		㉒	
期首半製品・仕掛品棚卸高		㉓	
小　計（㉒＋㉓）		㉔	
期末半製品・仕掛品棚卸高		㉕	
製品製造原価（㉔−㉕）		㉖	

（注）㉖欄の金額は、1ページの「損益計算書」の③欄に移記してください。

＜貸借対照表＞

貸　借　対　照　表　（資産負債

◉ 65万円の青色申告特別控除を受ける人は必ず記入してください。それ以外の人でも分かる箇所はできるだけ記入してください。

資産の部			負債
科目	1月　1日（期首）	12月　31日（期末）	科目
現金	1,000,000円	600,000円	支払手形
当座預金			買掛金
定期預金	1,000,000	1,000,000	借入金
その他の預金	64,800,000	41,700,000	未払金
受取手形			前受金
売掛金	14,400,000	14,400,000	預り金
有価証券			長期リース債務
棚卸資産	500,000	700,000	
前払金	900,000	700,000	
貸付金		16,000,000	
建物			
建物附属設備	23,400,000	23,400,000	
機械装置	900,000	900,000	
車両運搬具	8,500,000	8,500,000	貸倒引当金
工具　器具　備品	1,100,000	1,100,000	
土地			
減価償却累計額	△18,800,000	△21,900,000	
出資金	100,000	100,000	
敷金	4,300,000	4,300,000	
開業費	500,000		
入会金	200,000		
リース資産	1,200,000	1,200,000	事業主借
未収入金	100,000		元入金
事業主貸		52,100,000	青色申告特別控除前の所得金額
合計	104,100,000	144,800,000	合計

（注）「元入金」は、「期首の資産の総額」から「期首の負債の総額」を差し引いて計算します。

<損益計算書(医療法人の場合)の例>

診療所のみ(共通)

様式4－2

法人名　医療法人牧野会　牧野クリニック　※医療法人整理番号

所在地　大阪市西区新町1－X－X

損　益　計　算　書

(自　平成29年1月1日　至　平成29年12月31日)

(単位：千円)

科　目	金　額	
I 事業損益		
A 本来業務事業損益		
1 事業収益	124,200,000	売上
2 事業費用	116,200,000	すべての経費
本来業務事業利益	8,000,000	本業(医業)の利益
B 附帯業務事業損益		医業に関連した事業の損益
1 事業収益	0	
2 事業費用	0	
附帯業務事業利益	0	
事業利益	8,000,000	
II 事業外収益	0	医業以外での損益
III 事業外費用	0	
経常利益	8,000,000	
IV 特別利益	0	その年度に限られた損益
V 特別損失	0	
税引前当期純利益	8,000,000	
法人税等	2,000,000	
当期純利益	6,000,000	利益剰余金(残るお金)

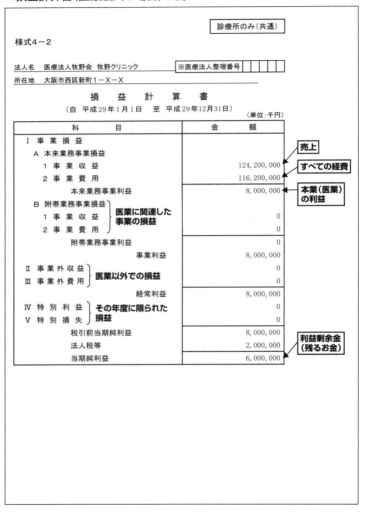

＜所得税一覧表（平成 27 年分以降）＞

課税される所得金額	税 率	住民税	合 計
195 万円以下	5%		15%
195 万円を超え 330 万円以下	10%		20%
330 万円を超え 695 万円以下	20%		30%
695 万円を超え 900 万円以下	23%	10%	33%
900 万円を超え 1,800 万円以下	33%		43%
1,800 万円を超え 4,000 万円以下	40%		50%
4,000 万円超	45%		55%

通常、開業して3年から5年経過してくると、順調な医院では開業時の借入れの返済が進んできます。また患者さんも増えてくると大きな利益が出るようにもなってきます。利益が大きくなるとそれに伴って税金が増えてきます。

そして、その税金の額の大きさが気になってくるようになります。

通常、先生方は税金の計算や申告は税金のプロである税理士にお任せしています。そのことは大切なことです。ところが多くの先生方は税の仕組みやご自身が納めている税の中身についてあまりにも無関心のように思います。

その無関心が原因で勘違いをされている先生が多いことに気付きました。それは「税金を減らせばお金が残る」という勘違いです。

また、先生が**「お金を残したい、節税したい」**と考えるには理由があると思っています。

・多額の教育費を準備しておきたい
・老後の資金も準備しておきたい
・医院の改装費も準備しておきたい
・もし自分が入院したらお金が入ってこなくなる

等々、そんなことをご心配されているように思います。

でも節税は手段であって、先生の本音は**「手取りを増やしたい」**のだと思っています。

牧野 先生、節税より〝手取りを増やすこと〟ですべてが解決します。私がその具体策をお話しします。

第1章では、「今後の日本の大まかな税制の流れ」を、第2章からは「手取りを増やす」具体的な方法についてお話しします。

第1章

今後の税制の流れ

まず、改めてお断りしておきます。本書は税務について詳しく解説することを目的とした本ではありません。税制について詳しく解説するとそれだけで本文が埋まってしまい、本来伝えるべきことが伝わらなくなってしまうからです。

この章では大まかな税制の流れについてのみお話しさせていただきます。詳細につきましては、顧問の税理士の先生にお尋ねください。

ただ、先生方が大まかな税制の流れを知っているのと、全く知らないのでは手取りは違ってきます。なぜなら手取りとは税引き後のお金のことだからです。

税金の種類によって税率が違います。

正々堂々と手取りを増やすには、

・税率の低い税を選ぶ

・納税時期を自分で選ぶ

これらのことで増える可能性はあります。

今後の税制の流れとして、

・個人の税金は増税へ

・法人の税金は減税へ
・資産税（相続税）は増税へ
となります。

❶ 個人の税金について

・給与所得控除の改正について（財務省のホームページより）
医療法人の理事長や理事、またはＭＳ法人（メディカル・サービス法人）の社長や役員は、給与所得等の収入が１０００万円以上の場合、増税となりました。

さらに次の資料「給与所得控除の改正」（24ページ）をご覧ください。給与所得者には「給与所得控除」があります。これは給与所得のうち、一定の割合を課税しないことです。つまり給与所得者は自身の給与所得からこの給与所得控除を差し引いた給与に税金がかかる制度です。

以前は給与所得が増えるに従って、給与所得控除が増える制度でした。ところが、今回の改正で年間１０００万円を超える給与等の収入がある人の給与所得控除は、年間

<給与所得控除の改正(平成29年度)>

給与等の収入金額 (給与所得の源泉徴収票の支払金額)		給与所得控除額
	1,800,000円以下	収入金額×40% 650,000円に満たない場合は 650,000円
1,800,000円超	3,600,000円以下	収入金額×30%+　180,000円
3,600,000円超	6,600,000円以下	収入金額×20%+　540,000円
6,600,000円超	10,000,000円以下	収入金額×10%+1,200,000円
10,000,000円超		2,200,000円(上限)

(注) 同一年分の給与所得の源泉徴収票が2枚以上ある場合には、それらの支払金額の合計額により上記の表を適用してください。

220万円が上限となりました。

そのため年間1000万円を超える給与等の収入がある人は、給与所得控除がなくなった分が課税所得となり、増税となりました。

諸条件によって変わります。詳細は税理士にお尋ねください。

２ 法人税率の引き下げ

次の資料「法人税一覧表」（26ページ）をご覧ください。

通常、医療法人はこの表の「中小法人」にあたります。この表では、平成30年4月1日以降に開始する事業年度において、法人税率が23・4％から23・2％に下がります（年間利益８００万円超の場合）。

ここでワンポイント

個人事業で課税所得１８００万円超４０００万円以下の場合の税率（所得税＋住民税）は50％です。その先生が単純に１８００万円超の所得を法人に移転するだけで税率を50％から約30％に下げることができます。

さらに医療法人の利益が８００万円以下の場合には、もっと税率が低いのでさらなる効果が期待できます。

<法人税一覧表（平成29年4月1日）>

法人税の税率は、次表の法人の区分に応じ次表のとおりとされています。

	平成28年4月1日以後開始事業年度に適用	平成30年4月1日以後開始事業年度に適用
中小法人、一般社団法人等、公益法人等とみなされているものまたは人格のない社団等 年800万円以下の部分	19%（15%）	19%（15%）
中小法人、一般社団法人等、公益法人等とみなされているものまたは人格のない社団等 年800万円超の部分	23.40%	23.20%
中小法人以外の普通法人	23.40%	23.20%
公益法人等 年800万円以下の部分	19%（15%）	19%（15%）
公益法人等 年800万円超の部分	19%	19%
協同組合等または特定の医療法人 年800万円以下の部分	19%（15%） ＊20%（16%）	19%（15%） ＊20%（16%）
協同組合等または特定の医療法人 年800万円超の部分	19% ＊20%	19% ＊20%
協同組合等または特定の医療法人 特定の協同組合等の年10億円超の部分	22%	22%

（注）表中のカッコ書の税率は平成31年3月31日までの間に開始する事業年度について適用されます。
また、表中の＊の税率は協同組合等または特定の医療法人である連結親法人について適用されます。

第2章

事例で見る「個人開業医の先生のお金の残し方」

牧野 先生、結構稼いでいらっしゃると思うのですが、順調にお金が残っていますか？

医師 毎月、月末に残ったお金を貯めているよ。

牧野 毎月確実に貯まっていますか？

医師 それが…なかなか思うようには…。

このようにおっしゃる先生が多く、みなさん「意外に残らない」と感じているようです。

先生はいかがですか？

ここでとっても簡単な算式をご覧ください。

売上
−経費
利益
−税金
税引き後資金

目的別に通帳を４つ作る！

	使う	貯める
医院	① 	② 
院長	③ 	④ 

手取りを増やすには、

①売上を増やす
②経費を減らす
③税金を減らす

この３つの方法しかありません。

だから多くの個人開業医の先生方は「③税金を減らす」ことを考えるようになるようです。

ところが個人事業の先生が税を軽減させる方法はあまりありません。

※小規模企業共済等は有効です。

だから、私がお勧めする方法は、

「目の前からお金を消す」ことです。

私がお手伝いしてきた２００院所ですぐに実行できて効果が上がった方法は、

「通帳を目的別に４つ作る」ことでした。

❶ 4つの通帳の効能

ここで4つの通帳の具体的な活用方法を解説します。

通帳①は、医院の支払いのための通帳です。

・スタッフや専従者の人件費
・開業時等、医院としての借入れの返済
・医院の家賃
・仕入れ等の支払い
等々があります。

毎月の支払いが完了したら、月末の残高は「0」になります。

通帳②は、医院としての貯蓄や資金繰りのための通帳です。

・納税のための準備資金
・将来の改装等の資金

・急に資金が必要になった時のための準備
・設備投資等医院経営のための資金
等々があります。
毎月一定の額を入れるのが理想ですが、当然売上は月や季節によって変動しますから、そんなに難しく考える必要はありません。

通帳③は、先生個人の支払いのための通帳です。

・住宅ローンまたは家賃
・毎月の生活費
・お子様の教育資金（就学中の場合）
・その他のローン
等々があります。
毎月の個人の支払いが完了したら、月末の残高は「0」になります。

通帳④は、先生の個人としての貯蓄のための通帳です。

・お子様の進学資金

・住宅資金（将来家を買う予定の場合）
・老後資金
・車や旅行等趣味のための資金
・納税のための準備資金
等々があります。

できれば毎月一定の額を入れることをお勧めします。医院から先生が毎月給料をもらっているように考えていただければ分かりやすいと思います。**通帳③**と**通帳④**の合計が給料とお考えください。

通帳①、③は毎月一定に推移すると思います。
通帳④は一定の額を入れて貯蓄します。
だから、金額が変動するのは**通帳②**となります。
医院の売上の多い月は増え、少ない月は減ることになります。
将来医療法人化した場合は、この**通帳②**が医療法人の利益と考えられます。

ここまでやれば毎月の資金の流れが目に見えて分かるようになります。そして**通帳**④にお金が残るようになっていきます。

ところが、多くの先生はこの**通帳**④のお金が増えてくると「車」「時計」「服」その他諸々の欲しいモノが出てくるようです。もちろん先生が稼いだお金ですから何に使おうと自由なのですが、そうしていると結果的に「お金が残らない」ことになります。

そこで、**通帳**④に貯まったお金の一部を「目の前から消す」のです。お金を貯めるには「つい使ったりする」ことがないようにすることが肝要です。

では、次に具体的な事例で保険を利用した上手な貯め方を見ていきましょう。

❷ 具体例①　教育資金・休業補償・老後資金のプランニング

・先生　内科医　47歳
・奥様　専従者　42歳
・開業5年目
・売上　　　7800万円

・申告所得　2700万円
・奥様の専従者給与　600万円
・ビル内の診療所
・70歳で引退希望

【先生の相談内容】
・子供の大学進学資金を残したい
お子様は2名です。
一人は15歳男の子　医学部希望（本人・両親とも）
もう一人は13歳女の子　今のところ特に希望なし
・老後の貯蓄をしたい（70歳で引退したい）
・働けなくなった時のことが心配
・できれば医院をお子様に承継させたい

この先生の場合は、ご夫婦での手取りが年約2100万～2200万円でした。
つまり、月当りではご夫婦で約180万円となります。

ご夫婦と相談した結果、まずはライフプラン表を一緒に作りました。

このライフプラン表で分かることは、次のようなことです。
・今後、教育資金は10年間必要
・スムーズにいけば先生が57歳の時にお子様の学校教育が終わる
・その後引退（70歳）まで13年間
・ご夫婦２人で過ごす老後は約10年間
・その後、奥様一人の老後が約10年間
大まかに平均余命でこのように考えました。

①優先順位1位：教育資金の準備

【解決プラン1】

銀行での毎月50万円の積立定期を活用しました。

年間６００万円、３年後には１８００万円が準備できており、入学初年度と＋αの費用は準備できます。その後の教育費は毎年の収入からでも支払えると考えました。

男の子が15歳ですので医学部入学まで3年しかありません。３年ですと安全で高利回りの金融商品はありません。したがって、このケースでは銀行の積立定期を活用しました。

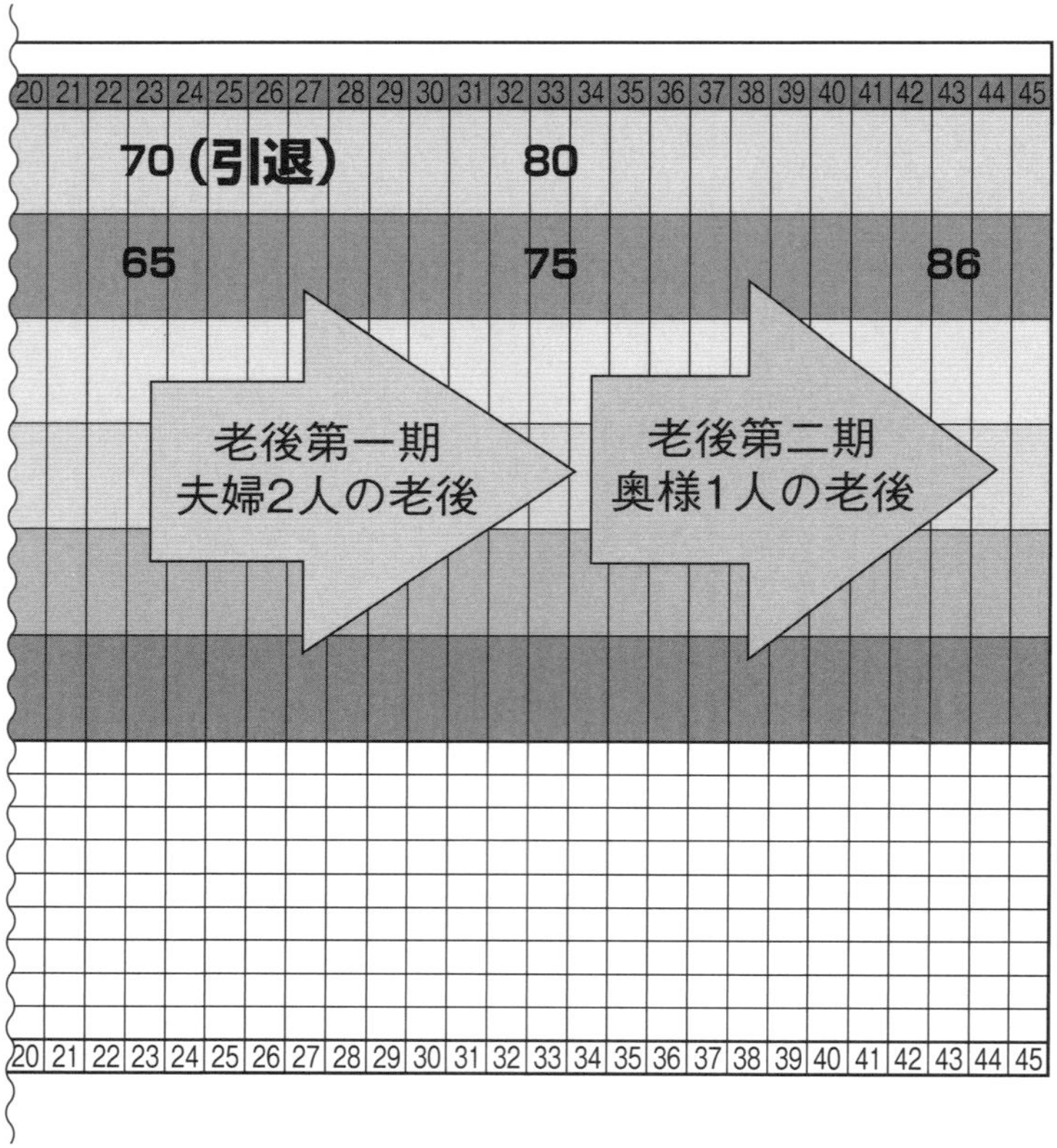
20 21 22 23 24 25 26 27 28 29 30 31 32 33 34 35 36 37 38 39 40 41 42 43 44 45
70（引退）
80
65
75
86
老後第一期
夫婦2人の老後
老後第二期
奥様1人の老後
20 21 22 23 24 25 26 27 28 29 30 31 32 33 34 35 36 37 38 39 40 41 42 43 44 45

＜ライフプラン表＞

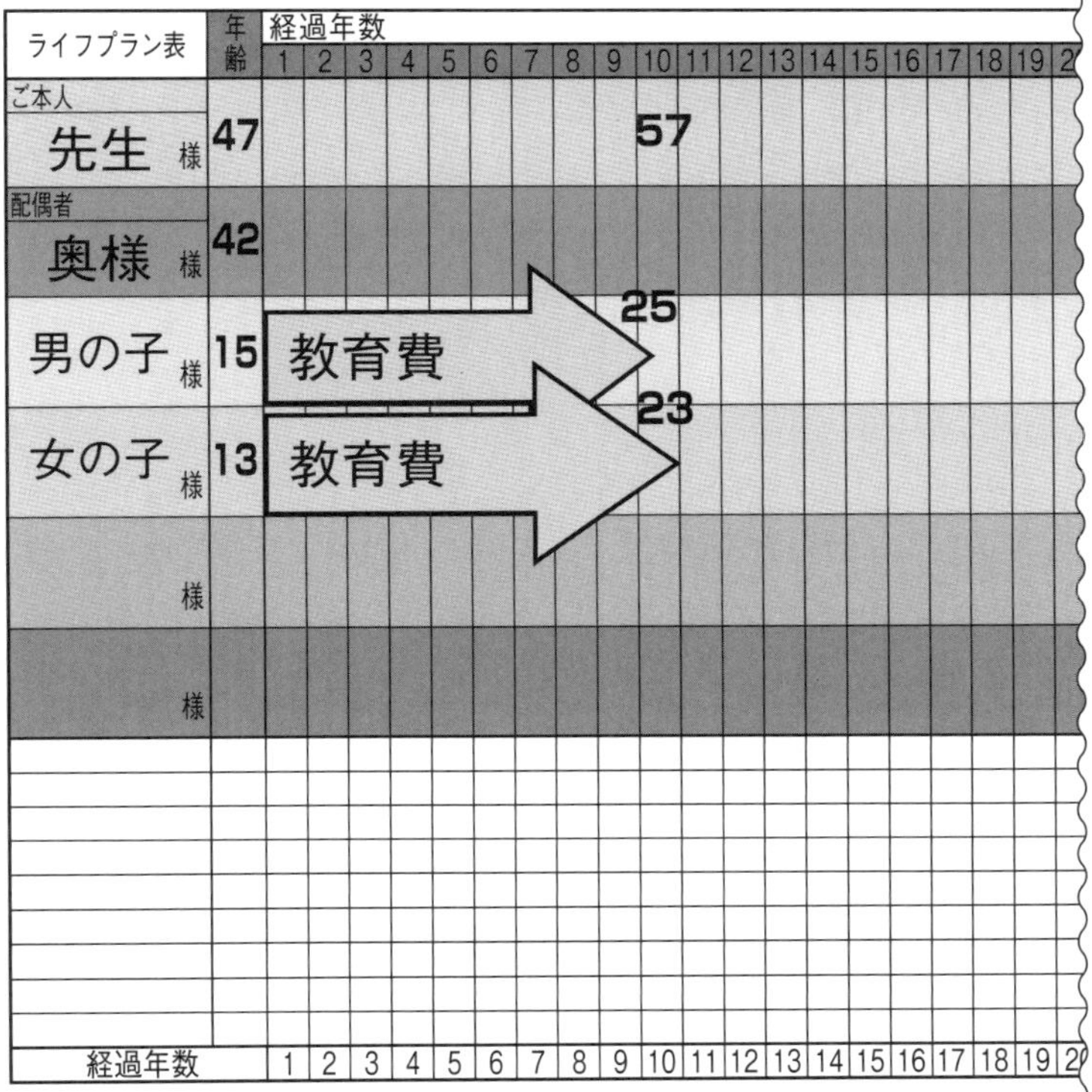
ライフプラン表
年齢
経過年数
1 2 3 4 5 6 7 8 9 10 11 12 13 14 15 16 17 18 19 20
ご本人
先生 様
47
57
配偶者
奥様 様
42
男の子 様
15
教育費
25
女の子 様
13
教育費
23
様
様
経過年数
1 2 3 4 5 6 7 8 9 10 11 12 13 14 15 16 17 18 19 20

②優先順位2位：休業補償（ケガや病気等で働けなくなった時）

【解決プラン2】

休業補償保険を活用しました。

先生がケガや病気等で入院した時や通院や自宅療養でも支払われます。一口10万円で30口まで加入できます。この先生の場合は20口加入しました（月額２００万円まで補償）。その際に、保険医協会や保険医協同組合、医師協同組合、歯科医師協同組合等で加入されますと大幅な団体割引になる場合がありますので、一度ご確認ください。

③優先順位3位：老後の資金

ここでは老後を「第一期」と「第二期」の２つに分けて考えました。

老後第一期

ご夫婦２人で過ごす老後を先生が70歳（リタイア）から約10年間としましょう。

先生と奥様の希望は、

・毎月生活費50万円＋余裕資金20万円　計70万円欲しい

つまり、年間８４０万円欲しい（70万円×12カ月）
８４０万円×10年＝８４００万円

老後第二期

先生が80歳で死亡したとして、奥様が75歳から一人で過ごす年月を約10年間としましょう。

奥様の希望は、
・毎月生活費50万円＋余裕資金20万円　計70万円欲しい
70万円×12ヵ月×10年＝８４００万円
※奥様は、２人でも１人でも必要なお金は変わらないので同じだけ欲しいとのことでした。

【解決プラン３】（「老後第一期」対策）
70歳で支払いが終了する年金保険を活用しました。
・契約者　　院長
・被保険者　院長
・保険料　　約27万7000円（月払い）

・支払期間　　70歳まで
・支払額合計　　27万7000円×12ヵ月×(70歳−47歳＝23年間)＝約7645万円
・年金の年間受取額　　800万円（71歳から80歳まで10年間受け取れます）
・受取額累計　　8000万円

※年齢・性別・保険会社によって違います。個別の具体的な設計につきましては各保険会社の担当者にお問い合わせください。

〈年金保険を活用した理由〉

銀行の積立定期と比べて利回りが違うので、長期の貯蓄では年金保険のほうが受取額が多くなる。

ちなみに、大手都市銀行の積立定期の利率は0・01％（平成30年5月現在）、このプランの年金保険の予定利率は0・8％（平成30年4月現在）でした。

※銀行の積立定期の利率と生命保険の予定利率は同じではありません。実際に受け取る金額で比べてください。

【解決プラン4】（「老後第二期」対策）

70歳で支払いが終了する終身保険を活用しました。

・被保険者　　院長
・保険料　　約25万８０００円（月払い）
・支払期間　　70歳まで
・支払額合計　　25万８０００円×12ヵ月×(70歳－47歳＝23年間)＝約７１２０万円
・死亡保険金額　　８０００万円（院長死亡時に奥様が必ず受け取ることができます）

※院長が死亡された時に奥様が受け取る死亡保険金８０００万円は、その後の生活資金として活用できます。
※年齢・性別・保険会社によって違います。個別の具体的な設計につきましては各保険会社の担当者にお問い合わせください。

〈終身保険を活用した理由〉
・銀行で積み立てるより多く奥様に残せる
・支払総額（７１２０万円）に対して、死亡保険金は８０００万円（奥様の受取額）で、約１１２％となる
・奥様の生活資金は、先生がお亡くなりになった以後に必要な資金なので、先生が死亡時に奥様が現金で受け取れる
・受取人を奥様に指定すれば、必ず奥様に残せる

【結論】

「老後第一期」は、年金保険を活用し、毎月決まった現金を受け取れるようにしました。

「老後第二期」は、終身保険を活用し、必ず奥様に現金が残るようにしました。

このようにしてこの先生のライフプランに沿った資金計画を作りました。

3 具体例② 残債時の死亡保障・休業補償等のプランニング

・先生　皮膚科　45歳
・奥様　専従者　43歳
・開業2年目
・売上　5500万円
・申告所得　2000万円
・奥様の専従者給与　360万円
・ビル内の診療所

・借入れ　６０００万円
10年で返済予定。ただし返済が始まったばかりで、返済額は毎月約50万円。

〔先生の相談内容〕

・借入れを早期に返済したい
・働けなくなった時のことが心配
・借入れが残っている時の死亡保障が欲しい
・お金も貯めていきたい

①優先順位１位：借入れの早期返済

【対策】

返済するには、利益を出して納税した手取り（税引き後の資金）が必要です。税引き後の資金は、次の計算式で算出します。

売上
－経費
利益
－税金
税引き後資金

まずは売上を上げること。そして経費を抑えて利益を増やし、納税することで手取り（返済資金）が増えます。利益を増やすということは納税額も増えます。

手取りは税引き後の資金ですので、税金を増やさないと手取りは増えません。また、手取りのお金（税引き後の資金）も運用等は避けて、毎月の返済と繰上げ返済の資金を貯めることをお勧めしました。

②優先順位2位：借入れが残っている時の死亡保障

【対策】

逓減定期保険を活用しました（数字は概算で表示しています）。

この先生の場合のポイントはいかに安く死亡保障に加入するか、ということです。そしていつでも借入残が保障される保険金があること、また借入れを順調に早期返済した場合に保険を解約しやすいことを念頭に考えました。

・契約者　　　先生
・被保険者　　先生
・保険料　　　2万円（月払い）
・支払累計　　2万円×12ヵ月×10年＝240万円
・死亡保険金　年数の経過とともに死亡保障が逓減します。
※借入れの返済が減るに従って保険金額が下がります。その分、保険料が安くなる特徴があります。

《死亡保険金の推移》

1年目　6000万円
2年目　5657万円
3年目　5314万円
4年目　4971万円
5年目　4628万円
6年目　4285万円
7年目　3942万円
8年目　3600万円

9年目　2400万円
10年目　1200万円
※年齢・性別・保険会社によって違います。個別の具体的な設計につきましては各保険会社の担当者にお問い合わせください。

このタイプの保険の特徴は、
・返済が進んで借入残高が減っていくに従って保障額が減っていくので、常に必要な保障がムダなく確保されている
・掛け捨てなので、保険料が安い
・返済完了までの期間に合わせて、必要な期間だけ加入できる
・タバコを吸わない、健康である等の条件をクリアするとさらに割引がある
・返済が早期に終了し、保障が不要になった場合、解約して不要な保険料を支払う必要がなくなる
等があります。

ました。

③優先順位3位：働けなくなった時のことが心配

この保障については、前述の「具体的な事例　その①」と同じ、休業補償保険を活用しました。

ここで、私からこんな提案しました。

この先生からは「お金を貯めたい」「将来が不安だ」とお聞きしました。だからこそ今は毎月の返済や早期返済のために頑張りましょう、そして早めに返済しましょう、その時にはいろいろな提案がありますよ、とお話ししました。

健康に不安がないようでしたら、今すぐ大きな保険に加入する必要はないともアドバイスしました。その資金は返済に回したほうがいいですよ、とお伝えしました。

ところが先生が、「今すぐ健康に問題はないけれど、父親が早く亡くなったので、私もいつまで健康でいられるか不安がある」とおっしゃいました。

先生のその意向を考えて活用したプランは、死亡保障1億円の10年定期保険です。

・契約者　　　先生
・被保険者　　先生

・保険料　　4万4000円（月払い）
・支払累計　4万4000円×12ヵ月×10年＝528万円
・死亡保険金　10年間1億円で一定
※年齢・性別・保険会社によって違います。個別の具体的な設計につきましては各保険会社の担当者にお問い合わせください。

このタイプの保険の特徴は、
・掛け捨てなので、保険料が安い
・将来1億円以内（契約した死亡保険金額以内）であれば、健康診断を受けずに他種類の保険（例えば、終身保険・長期平準定期保険等）に変更できる
※保険会社によっては取扱いのない会社もあるので、各保険会社にお問い合わせください。
・10年経過後に、継続して死亡保障が必要な場合は、1億円以内（契約した死亡保険金額以内）であれば健康診断を受けずに継続することができる。また死亡保障の額は1億円以内（契約した死亡保険金額以内）であれば自由に設定できる
※保険会社によっては取扱いのない会社もあるので、各保険会社にお問い合わせください。
・タバコを吸わない、健康である等の条件をクリアするとさらに割引がある

等があります。

【結論】

この先生は、返済が優先でしたので掛け捨てタイプの逓減定期保険を活用し、保険料を抑え、返済原資を確保することを第一にプランを作りました。また将来の健康に不安があるとのことでしたので、掛け捨てタイプの10年定期保険を活用しました。保険を２つに分けて加入した理由は、返済が完了した場合、返済のための保険は不要になります。その際には不要となった保険を解約し、必要な保険を残せるように設計しました。

このようにしてこの先生のライフプランに沿った資金計画を作りました。

さて、本章では2件のケースについてお話ししました。

そのほか、

・余裕資金を使った資産運用のプラン
・お子様が小さい場合の学資を貯めるプラン
・ご夫婦とも開業医をされている先生の資金プラン
・お子様の開業時の資金援助をするための資金プラン

・親先生から医院を引き継いだ先生の資金プラン

等々いろいろなケースに対応できます。

いずれの場合にも、

・目的を明確にする

・その資金の必要な時期と必要額を明確にする

・多くのプランや商品の中から最適な商品やプランを選ぶ

・金融の専門家の意見を聞く

といったことが大切です。

第3章

医療法人を活用してお金を残す

❶ 医療法人化のメリットとは?

開業後、順調な医院では売上が増えていきます。なかには1年目から売上が5000万円を超え、租税措置法26条の範囲を超える医院もあります。すると利益が上がり、先生の所得も増えていきます。

個人の課税所得が1800万円を超え4000万円までは、超えた所得に対しては税率50%（所得税+住民税）が課税されます。つまり所得の半分を納税することになります。所得が増えることは素晴らしいことですが、それに伴って重税感が芽生えてくる先生も多いようです。

そんな場合によく検討されるのが「医療法人化」です。

では、医療法人にはどんなメリットがあるのでしょうか?

次の図は個人の税率と医療法人の税率を分かりやすく比べたグラフです。

このグラフを見ていただくと、概ね個人より医療法人の税率の方が低くなっています。

課税所得900万円超1800万円以下の場合、個人43%に対して医療法人は約30%。

＜個人と法人の税率比較＞

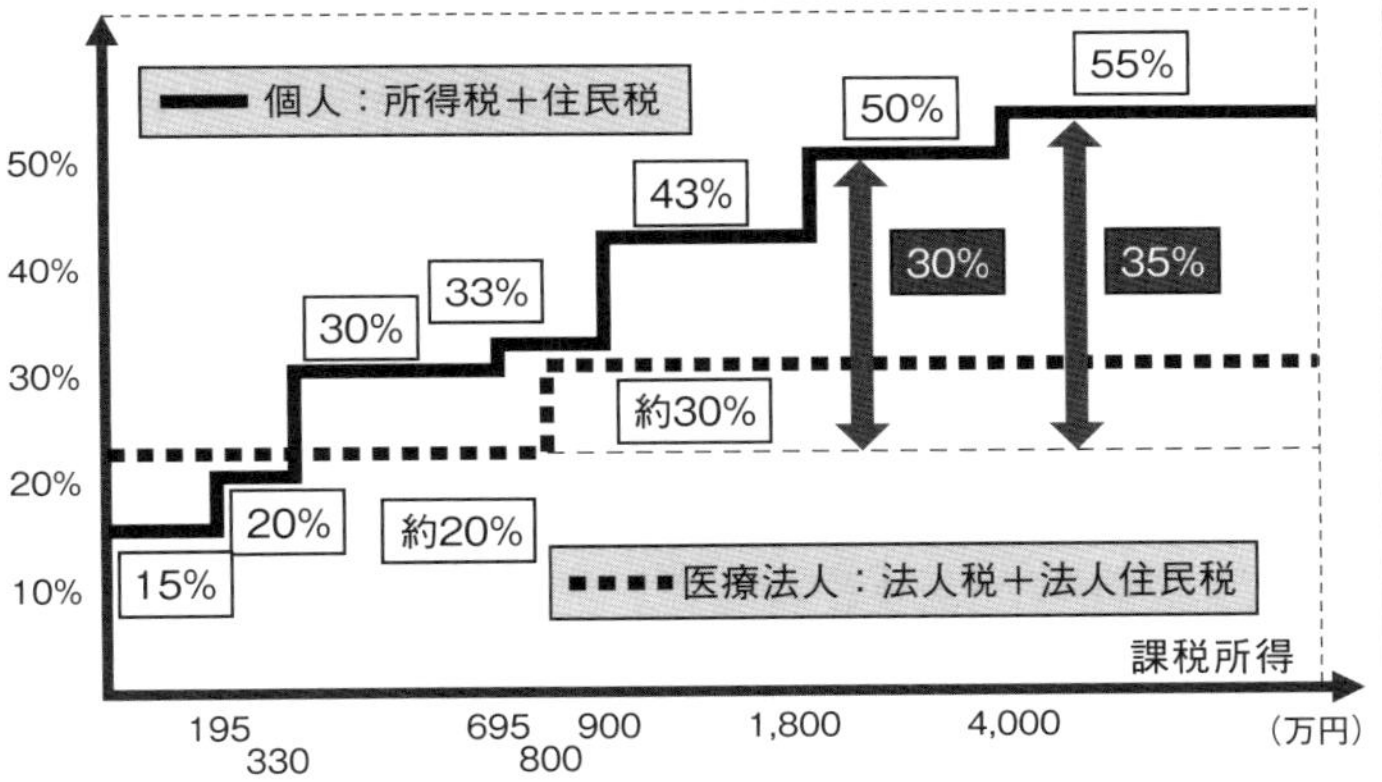

※復興増税については加味していません。
※「個人」の「社会保険診療報酬以外の収入」には「個人事業税」が「5%」加算されます。
※法人税は約で表示しています。
※法人税の800万円以下については、租税措置法によって変わる可能性があります。

課税所得１８００万円超４０００万円以下の場合も、個人50％に対して医療法人は同じく約30％となります。

この個人と医療法人の税率の差が医療法人化のメリットの一つであるといえます。

例えば、個人で課税所得３０００万円の先生が医療法人化して、理事長報酬１８００万円、医療法人の利益１２００万円とした場合、54ページの図のようになります。

※社会保険料負担等その他の条件は考慮しないで計算しています。

個人の申告所得３０００万円のうち、

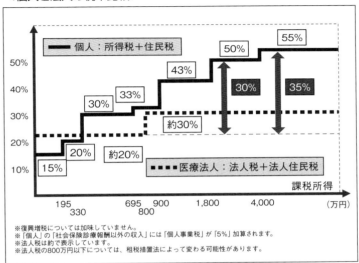

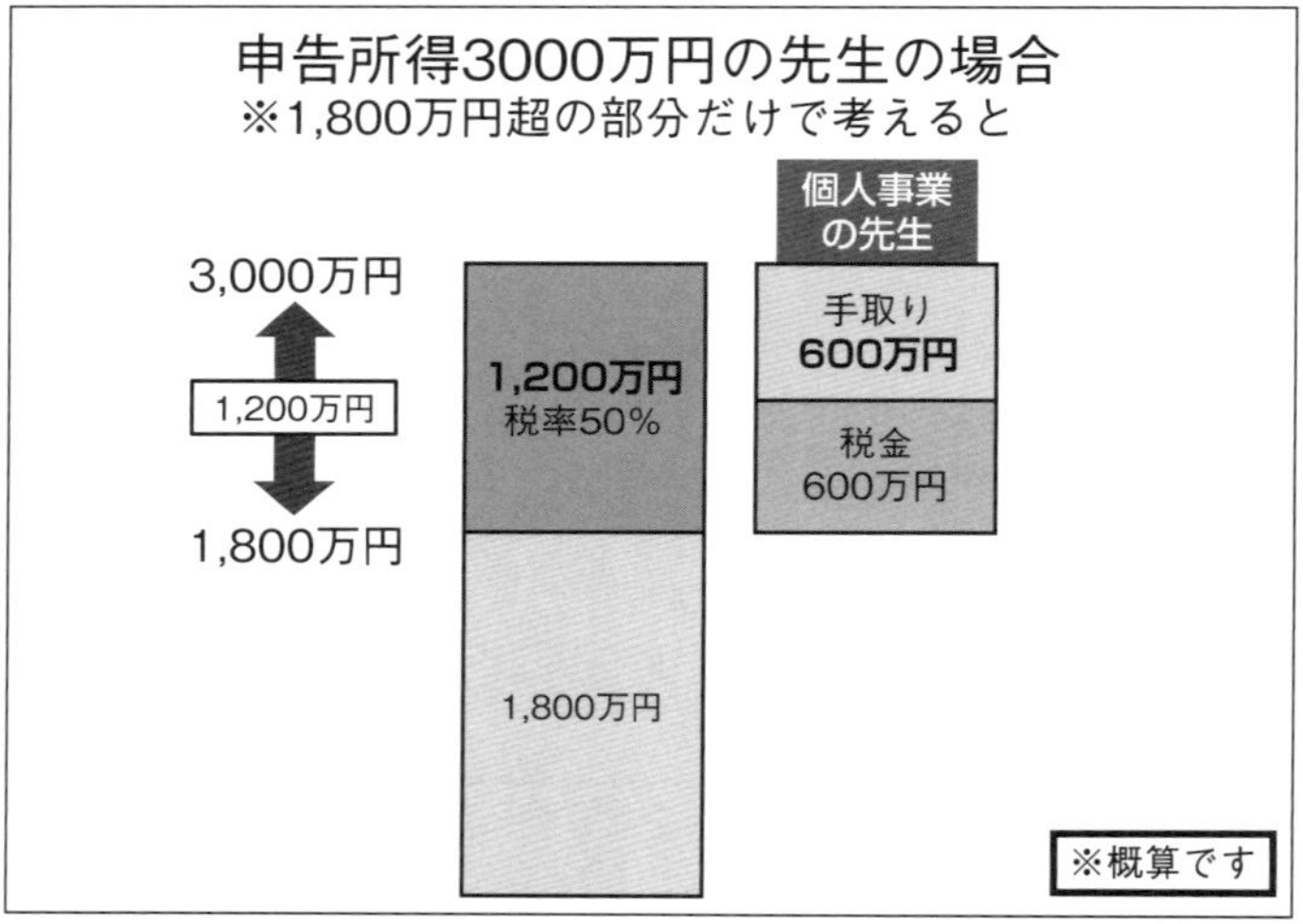
申告所得3000万円の先生の場合
※1,800万円超の部分だけで考えると
個人事業の先生
3,000万円
1,200万円
1,800万円
1,200万円
税率50%
1,800万円
手取り
600万円
税金
600万円
※概算です

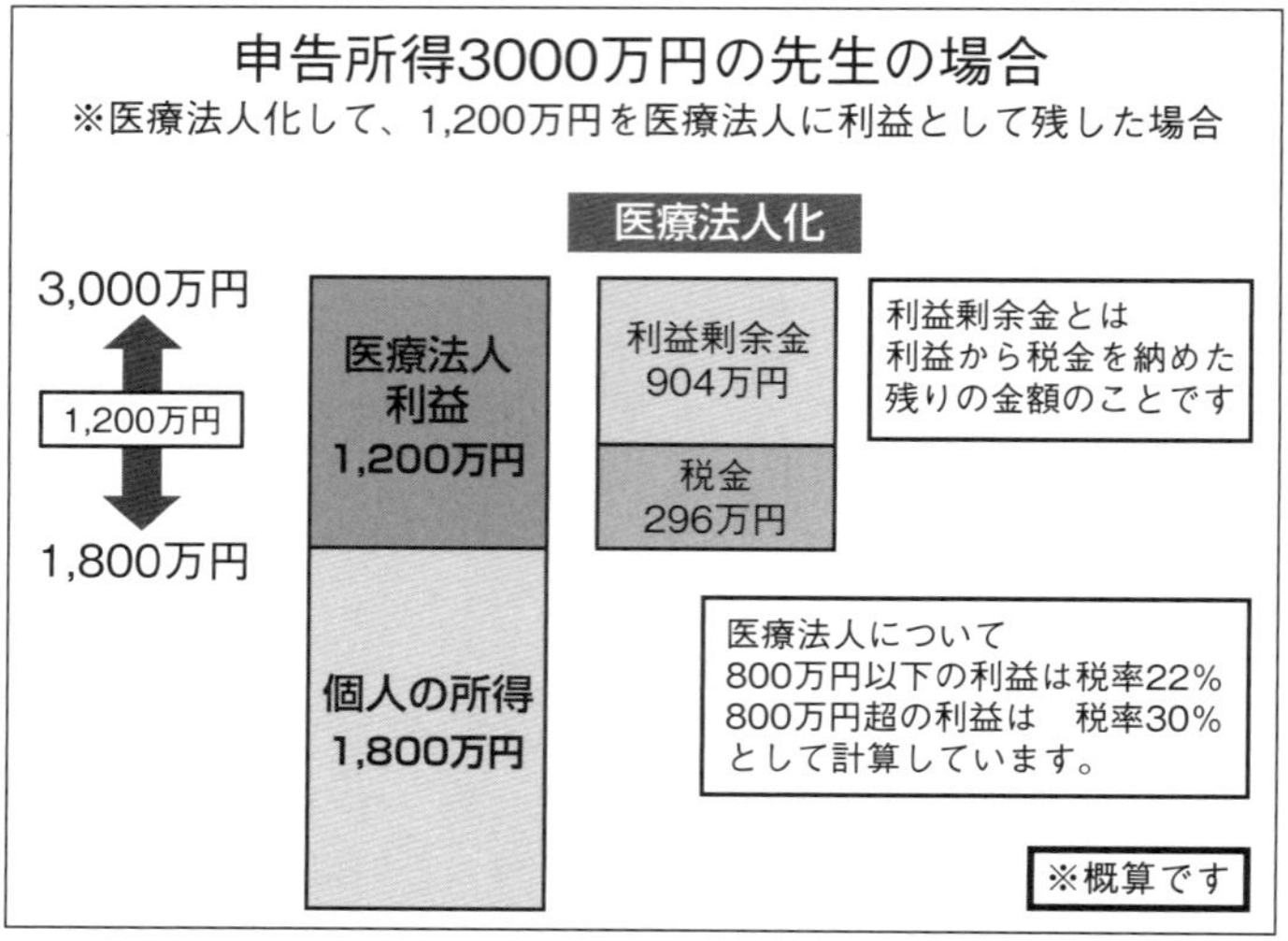
申告所得3000万円の先生の場合
※医療法人化して、1,200万円を医療法人に利益として残した場合
医療法人化
3,000万円
1,200万円
1,800万円
医療法人
利益
1,200万円
個人の所得
1,800万円
利益剰余金
904万円
税金
296万円
利益剰余金とは
利益から税金を納めた
残りの金額のことです
医療法人について
800万円以下の利益は税率22%
800万円超の利益は　税率30%
として計算しています。
※概算です

1800万円を超える1200万円（税率50％の部分）に絞って解説します。

※分かりやすくするために概算です。

【個人】

税率50％ですので、

1200万円×50％＝600万円（個人の税金）

したがって、個人に残るお金（手取り）は600万円となります。

【医療法人】

医療法人に移転した1200万円は800万円以下について税率22％、800万円超の400万円については税率30％として計算すると、

800万円×22％＋400万円×30％＝296万円（法人税）となります。

したがって医療法人に残るお金（利益剰余金）は、

1200万円−296万円＝904万円となります。

つまり個人で納める税金と医療法人で納める税金とでは、

600万円－296万円＝304万円の差が出ることになります。
この納める税金の差が「医療法人化のメリット」の一つです。

❷ 医療法人化の目安

医療法人化において効果のある所得の目安は、個人開業医で、
・診療報酬＋自由診療で8000万円から1億円以上
・先生の申告所得3000万円以上
と言われています。

ただし、医療法人化すれば、社会保険料の負担増等のデメリットもありますので、トータルで検討されることをお勧めします。

❸ 医療法人化のデメリット

順序が逆になりますが、ここではまず医療法人化のデメリットから挙げます。

①従業員の社会保険等の加入が必要となる　↓　負担が増える
②医療法人のお金と先生個人のお金は別になる　↓　不自由になる
③個人で使うお金は個人の負担
↓　経費にならないお金（個人で使うお金）は個人で負担することになる
④税理士報酬が増える
⑤医療法人の解散が面倒になる
↓　解散できないわけではありません。少し面倒になるだけ
⑥接待交際費は年間８００万が通常は認められる。ただし詳細は税理士にお尋ねください。
↓　そんなに使わないかもしれませんが

❹ 医療法人化のメリット

次に医療法人化のメリットを挙げます。

①高額所得のドクターほど税制上有利になる　↓　税率が違う
②ドクターに役員報酬が支払える　↓　給与所得控除

③夫人（理事）にも役員報酬を支払える　↓　給与所得控除

④役員退職金を支給できる　↓　役員報酬に比べて税率が低い（2分の1になります）

⑤社会保険診療収入の源泉徴収がない　↓　個人開業では10％源泉された金額を受け取ります。医療法人は全額受け取れます

⑥医療法人の赤字は10年間繰越控除できる

⑦経費（損金）になる生命保険を活用できる　↓　退職金準備や利益の繰り延べができる

⑧保障としての保険料が経費（損金）扱いできる

ただし、医療法人化して後悔している先生も約3割いらっしゃることも事実です。

【後悔している理由】

①メリットをよく理解しないまま医療法人化したが、何が得か分からない

②医院の収入が下がってきて節税効果がなくなった

③個人所得を取りすぎて医療法人の節税効果を使っていない

④退職所得のメリットを知らないで十分な準備をしていない

5 医療法人化に向かない先生

医療法人化に向かない先生は、大きく分けて3つのケースがあります。

①生涯現役を望まれる先生

医師として生涯現役は素晴らしいことですし、先生の理念でもありますから尊重すべきことだと考えます。そのこと自体は素晴らしいのですが、先生が生涯現役を貫かれますと、退職慰労金を受け取ることができません。

退職慰労金は通常の理事長報酬にかかる税率と比べて2分の1以下（退職所得控除も含む）となり、非常に少ない税金で医療法人から個人へ資金の移転ができるものです。

でも、生涯現役の先生は退職しないので退職金を受け取ることができません。つまり、医療法人化するメリットの一つである退職慰労金のメリットを享受できないことになります。また、すっかり体が弱ってから退職されて、多額の退職慰労金を受け取っても、そのお金を使うことができません。

だから生涯現役を希望される先生は、医療法人化しないで個人としての高い税金を払ってでも、お元気なうちに自分で自由に使える現金を手にした方がよいのではないでしょうか。

＜役員退職金の税務＞（計算式）

$$\left[\text{退職金の額} - \text{退職所得控除}\right] \times \frac{1}{2} \times \text{税率}$$

（最高55％）

＜有利ポイント1＞
勤続20年以下の場合
40万円×勤続年数

勤続20年超の場合
（40万円×20年）＋
70万円×（勤続年数－20年）

＜有利ポイント2＞
課税所得を
2分の1にできる

＜有利ポイント3＞
分離課税に
なっている

【退職慰労金の税金】

退職金の税金は、退職所得から退職所得控除（役員年数に応じた非課税枠）を差し引いた額の2分の1に税率（所得税＋住民税）をかけて計算します。

理事長の報酬は１８００万円超４０００万円以下の所得の税率は50％です。退職所得の約2分の1に50％の税率をかけても、退職所得に対しては25％の税率となります。さらに退職所得控除もありますので、退職所得に対して25％以下の税率（所得税＋住民税）となります。

【退職所得控除】

・勤続20年以下の場合

＜退職金にかかる税金の例＞（概算）

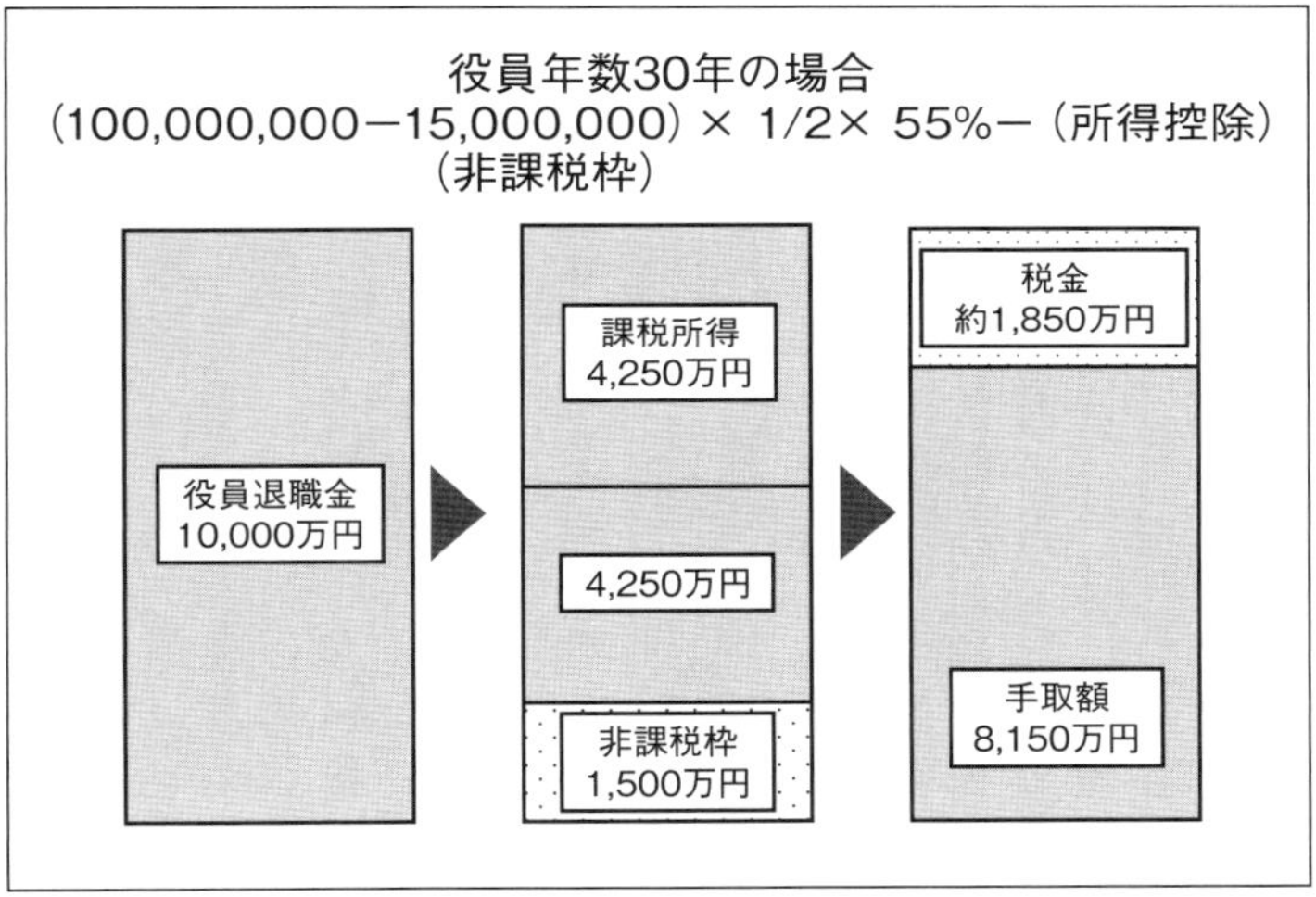

40万円×勤続年数
・勤続20年超の場合
（40万円×20年）＋70万円×（勤続年数－20年）

上図をご参照ください。理事長報酬で１億円受け取った場合には55％（所得税＋住民税）の税率ですが、退職所得の場合には収める税金は約１８５０万円となり、手取りは約８１５０万円となります。

このように、医療法人から個人へ資金を移転する際には最も税率の低い方法と言えるのではないでしょうか？

先生が生涯現役を貫かれれば、この退職慰労金のメリットを享受することはできません。

②後継者不在の先生

国は地域医療の中心である医院は継続して欲しいと考えているようです。だから先生が医療法人化して、将来その医院を閉院して医療法人を解散しようとした時に、行政から「なんとか後継者を探して医院を継続してくれませんか?」と言われる可能性があります。その場合に後継者がいれば医院の承継は比較的容易なのですが、見つからないと医療法人の解散が面倒になります。

もちろん医療法人の解散ができないわけではありません。ただ「面倒で手間がかかる」というだけです。

その点、個人医院であれば、廃業届を出せば比較的簡単に閉院できます。

③診療報酬が7000万円（保険診療+自由診療の合計）以下の先生

診療報酬が7000万円以下の医院では、租税措置法26条を使えます。その場合は医療法人化するよりも個人で申告した方が手取りが多いので、医療法人化はお勧めしていません。

6 医療法人化って損得どっち？

「結局、医療法人化すると損なのか得なのか」と訊かれるケースがあります。税金の面だけで言えば、確定申告書を拝見して詳細なシミュレーションすれば分かります。ただ、目先の税金のことだけを考えて医療法人化の損得を考えることはお勧めできません。

私がご相談を受けた場合は、以下のことを確認します。

・今の売上や利益が今後続くのか
・先生の所得のうち、いくら医療法人に残せるのか
・その結果、節税額はいくらになるのか
・スタッフの社会保険料等の負担増は大丈夫か
・退職についての先生の考え方や希望は何か
・医療法人化した後、先生の退職まで何年あるのか
・後継者がいるのか
・目先の節税だけではなく、生涯手取りを増やすことができるのか

・医療法人化した後、生命保険の活用等具体的な利益の繰り延べ策があるのか

等々を考慮します。そして先生と顧問税理士と3人でよく相談して決めています。

ただ、あくまでも先生の医院、先生の人生ですから、最終的に決断されるのは先生です。決して私でもなければ、顧問税理士でもありません。そのことはいつも先生にお伝えしています。

一番大切なことは、先生が開業医として「どうありたいか?」を決めて、そのあり方に最適なライフプランを考え、そのライフプランに沿って資金プランを作ることです。医療法人化はそのための手段の一つでしかありません。

ただ、残念ながら今までお目にかかった先生方でそのことを理解し、実行されている先生は非常に少ないように思います。

医療法人化を考えるにあたっては、まず「あり方」を決めていただいて、先生にとって悔いのない最適なご判断をお願いいたします。

７ 新型医療法人は「医療法人にお金が残ったら国等に取られる」の勘違いについて

医療法人では、残ったお金は最終的に国に徴収されると思っている人もいるようです。しかし、そんなことはありません。

この勘違いは平成19年４月の第５次医療法の改正の内容について正確なことを知らないことによる誤解です。

詳細は省きますが、第５次医療法改正について少しお話しします。

※ここでは便宜上、第５次医療法改正前に設立された医療法人を「旧型医療法人」、改正後に設立された医療法人を「新型医療法人」と呼ぶことにします。

※その後、平成29年６月公布の第７次医療改正がありました。ただし、本章では第５次医療改正に関わりが深いので、その点について解説します。

誤解の起こる改正のポイントは、次のようなことです。

＜医療法人の残余財産について＞

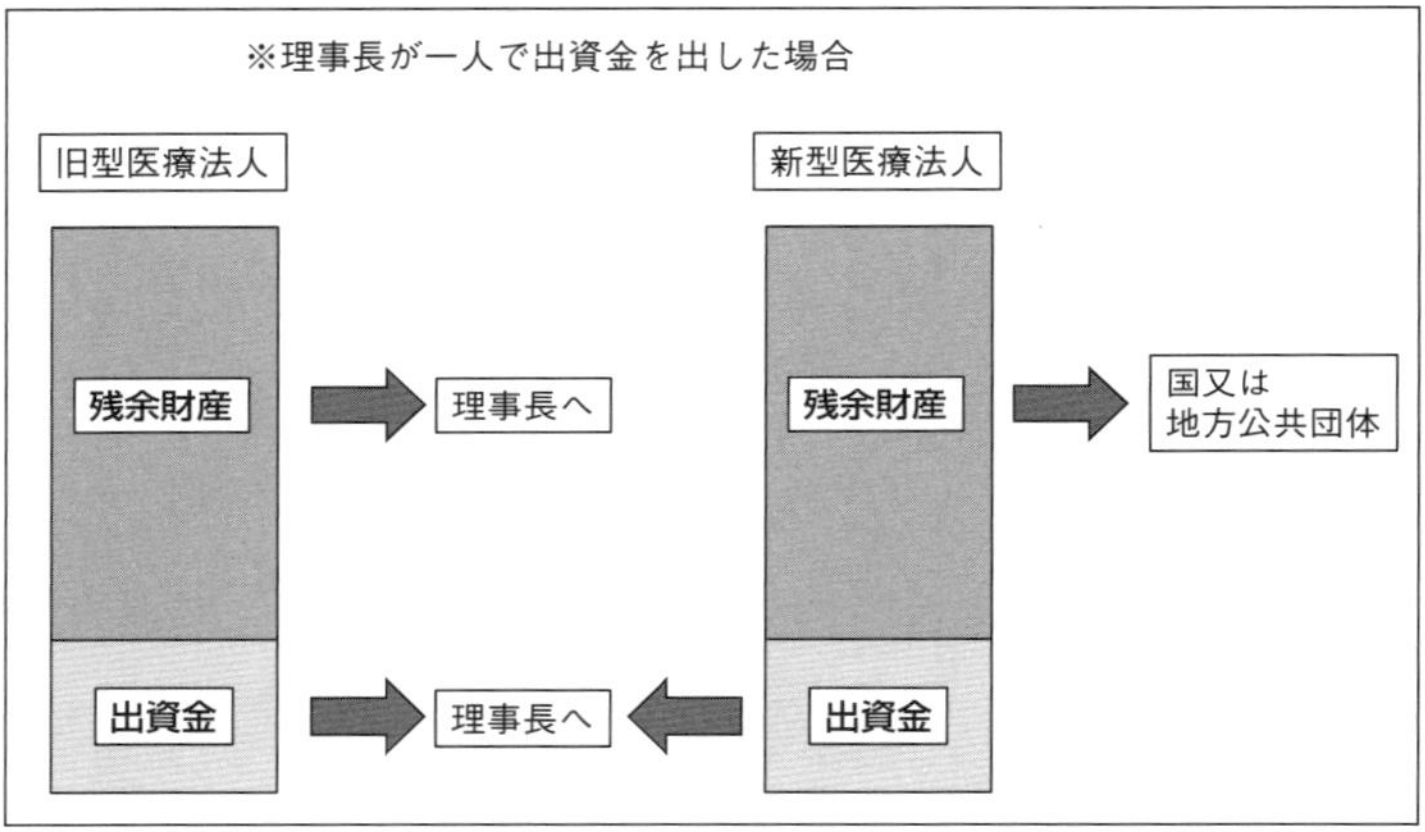

【「医療法人解散時の残余財産」帰属先の明確化】

旧型医療法人では、理事長が退職して退職金を受け取って、それでも医療法人に残ったお金（残余財産）は医療法人を解散した時に、出資金を出した先生が受け取っていました（一定の課税はあります）。

新型医療法人では、理事長が退職して退職金を受け取って、残余財産は、医療法人解散時に出資金を除いて国または地方公共団体に帰属することになりました。

この図式を見れば、結局残ったら取られることになります。だから残さないようにすればいいのです。つまり理事長が退職時に出資金相当

＜過大な退職金の課税について＞（概算）

例　2億5,000万円の退職金で
5,000万円が過大な退職金として否認された場合

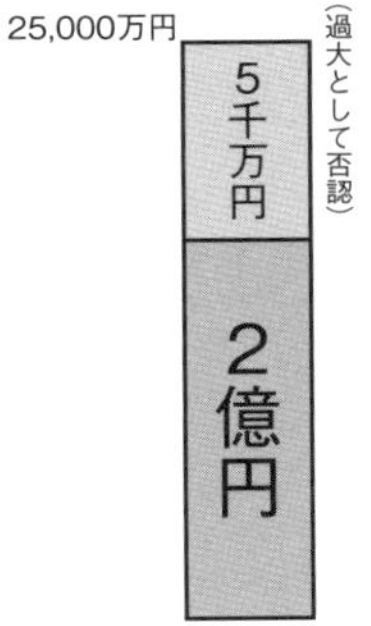

【個人の課税】
2億5,000万円全額は**通常の課税**
約**5,970万円**

【医療法人の課税】
2億円は**退職金として非課税**
過大とされた5,000万円に法人税
5,000万円×30%＝**1,500万円**

収める税金の合計　約**7,470万円**

※役員年数30年の場合

額を医療法人に残して、それ以外の財産や資産をすべて退職金として受け取れば残余財産はありません。

こんな話をすると「でも、退職金は一定以上（社会通念上妥当）の額はもらえないって聞いているけど、大丈夫？」と質問されます。

答えは「はい、一定の税金さえ払えば全額受け取れます」。

では、どんな税金を収めるのでしょうか？

2億5000万円の退職慰労金のうち、5000万円が過大として税務署から否認された場合の課税は、

①個人は2億5000万円全額通常の退職金の課税

②医療法人は過大として否認された5000万円について法人税が課税されます。

このケースについて、
個人の納税額は約5970万円
医療法人の納税額は1500万円
合計で7470万円の納税となります。

※この場合は、否認された5000万円に対する法人税1500万円を医療法人に残しておく等の対策が必要です。

【結論】
医療法人の解散時に残余財産が残っていれば、国または地方公共団体に帰属します。
そのことを回避するために多額の退職金を取る予定であれば、
①事前に税務署に問い合わせをしましょう。
退職慰労金として受け取る予定額を明確にして、税務上問題がないか確認してください。
※必ず明確に答えてくれるとは限りませんが、答えてくれるケースもあります。
②否認された退職所得に対する対策は顧問税理士等専門家と十分にご相談されることを

お勧めします。

※医療法人の退職金を受け取る時には事前の準備が大切です。

8 具体例① 医療法人で経費となる生命保険の有効活用術

※事例の条件設定について

実際に財務戦略プランのお手伝いをした時と現在とでは税率が違います。この章で当時の税率のままで解説しますと現状とは違いますので、読まれている先生が混乱される可能性があります。したがいまして、この章では53ページの表の税率で統一して解説いたします。

【事例1】
・理事長　耳鼻科　46歳
・理事　奥様　42歳
・開業8年目
・売上　1億2000万円

・理事長報酬　6000万円
・奥様の理事報酬　720万円
・医療法人の利益　130万円
・法人化3年目
・ビル内の診療所
・65歳で引退希望

〔先生の相談内容〕
・「節税になる」と言われて医療法人化したのに、税金は減っていない
・法人で退職金を作りたいと相談したら、「そのお金がない」と言われた
・個人の税金が高い。安くできないか？

この先生は、医療法人のメリットの活用法を理解していませんでした。だから6000万円もの理事報酬を取って、法人の利益は130万円にしていました。

そこで、次の図（72ページ）を見せて先生とお話ししました。

牧野　先生、理事長報酬の6000万円のうち、1800万円を超える4200万円の所得は50％が税金です。つまり2100万円ほど税金を納めています。だから税金が高いと感じるのだと思います。

医師　そんなに税金を払っていたのか？　だからお金が残らないのかな。それでどうすればいいの？

牧野　はい、先生の報酬のうち一部減らして、その減らした金額を医療法人に残しましょう。その減らした分、つまり医療法人に残した金額に応じて税金が少なくなります。

医師　じゃ、思い切って減らせばいいの？

牧野　いいえ、違います。必要以上に減らすと先生の毎月の生活が楽しくなくなります。

医師　では、いくらにすれば？

牧野　先生、個人で必要な毎月の手取りはいくらですか？

医師　最低200万円は欲しいな。

ということで、多少の余裕を見て、報酬月額を350万円に設定しました。

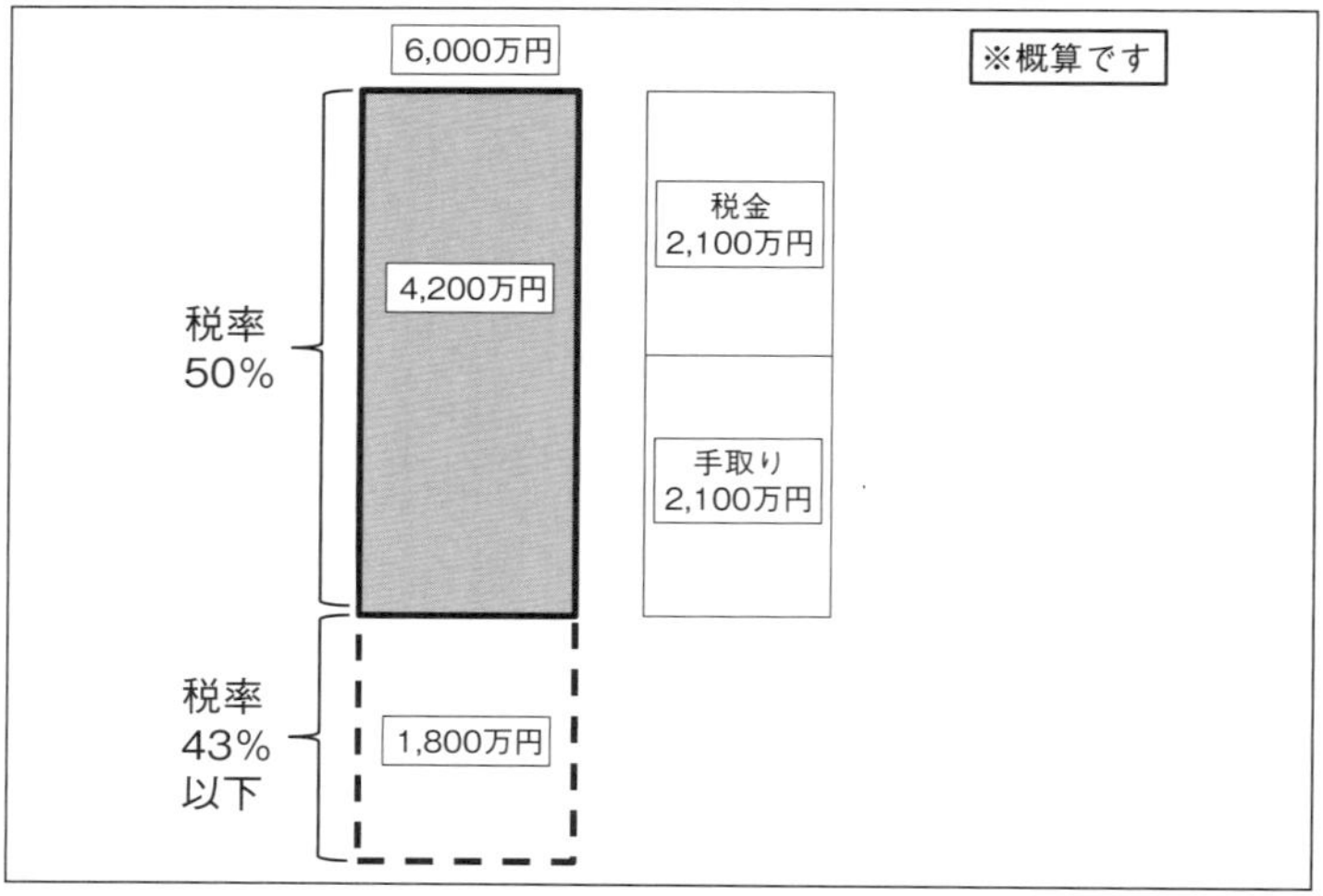

年収にすると4200万円です。結果、医療法人に残る利益は、
6000万円－4200万円＋130万円＝1930万円となります。

牧野　1930万円のうち、800万円以下の利益は税率22%ですので法人に利益として残しましょう。800万円を超える1130万円の一部を2分の1経費になる生命保険を使って、経費を作りながら退職金の準備をしましょう。

医師　それなら1130万円全部保険にすればいいのですか？

牧野　いいえ、それは違います。利益は毎年変動します。また2分の1しか経費になりませんので、保険料の2分の1に30%の法人税がかかります。

【解決プラン】

長期平準定期保険を活用しました（数字は概算で表示しています）。

・契約者　医療法人
・被保険者　理事長
・保険料　800万円（年払い）
・支払期間　100歳まで

※契約の支払期間は100歳ですが、理事長の引退時に解約して退職金の原資とします。

理事長が65歳で退職希望ですから、

800万円×（65歳－46歳＝19年間）＝1億5200万円

15年後の解約返戻率は86%です。

1億5200万円×86%＝約1億3000万円となります。…………❶

※年齢・性別・保険会社によって違います。個別の具体的な設計につきましては、各保険会社の担当者にお問い

合わせください。

また、法人の利益800万には22％の法人税がかかります。
したがって法人の利益剰余金（税引き後の残る資金）は、
800万円×（100％－22％）＝624万円
そして19年後は（利息は計算に入れていません）、
624万円×19年＝1億1856万円となります。……❷

この❶＋❷＝2億4856万円が退職金の原資となります。

医師　この保険料や医療法人に残す資金は退職までは使えないの？

牧野　いいえ、そんなことはありません。まず毎年利益剰余金として残す624万円は税引き後の資金ですから必要な時にいつでも使うことができます。またこの生命保険には支払いの途中で解約返戻金がありますので、もし法人が赤字になったら必要額だけ一部を解約して雑収入（利益）を出し赤字を消すことができます。また黒字でも急に資金が必要になった場合には「契約者貸付」という制度があるので保険からお金を借りることもできます。銀行の定期預金からお金を借りるようなものです（全く同じではありません）。解約も契約者貸付も専用の用紙をご提出いただけば、約1週間で現金が保険会社から振り込まれます。

医師　それは便利ですね。

牧野　はい、そうですね。多くの先生方はこのような生命保険の使い方をご存知ないのです。

医師　私も医療法人化して3年間何も知らなかったよ。これで安心ですね。

牧野　ありがとうございます。そう言っていただければ嬉しいです。

この先生の場合は、ご希望する退職金を作ることができました。

また節税については、

・個人で50％の税金を収めていた一部を医療法人に残すことで税率を下げることができました。

・医療法人で経費になる生命保険を活用することでさらに税金を軽減させることができました。

【事例4】

・理事長　内科医　55歳
・理事　奥様　53歳
・開業5年目
・売上　1億1000万円
・理事長報酬　4200万円
・奥様の理事報酬　600万円
・医療法人の利益　1200万円
・法人化2年目
・ビル内の診療所
・65歳で引退希望

〔先生の相談内容〕

・開業2年目から順調で2年前に医療法人化したが、思ったほど節税ができていない
・法人化1年目に売上が上がって１２００万円も利益が出てしまった。思わぬ税金を納めた
・今から10年で退職したい
・その時に退職金も欲しい
・生命保険に興味があるけれど、有効な加入の仕方が分からない
・理事である妻の報酬を上げたいが、税理士に反対された

この先生は医療法人化したばかりでした。節税を目的として医療法人化したのに法人化1年目から利益が出てしまい、納めた税金を惜しいと思っていました。そこで、生命保険で節税できると先輩の医師から聞いていたらしく、生命保険に加入したいと考えていたのですが、どの生命保険がいいのか分からずに困っていました。また理事（妻）の報酬を上げたいと顧問税理士に相談したら、「難しいのでやめた方がいい」と言われたそうです。でも理由が分からず納得していないようでした。

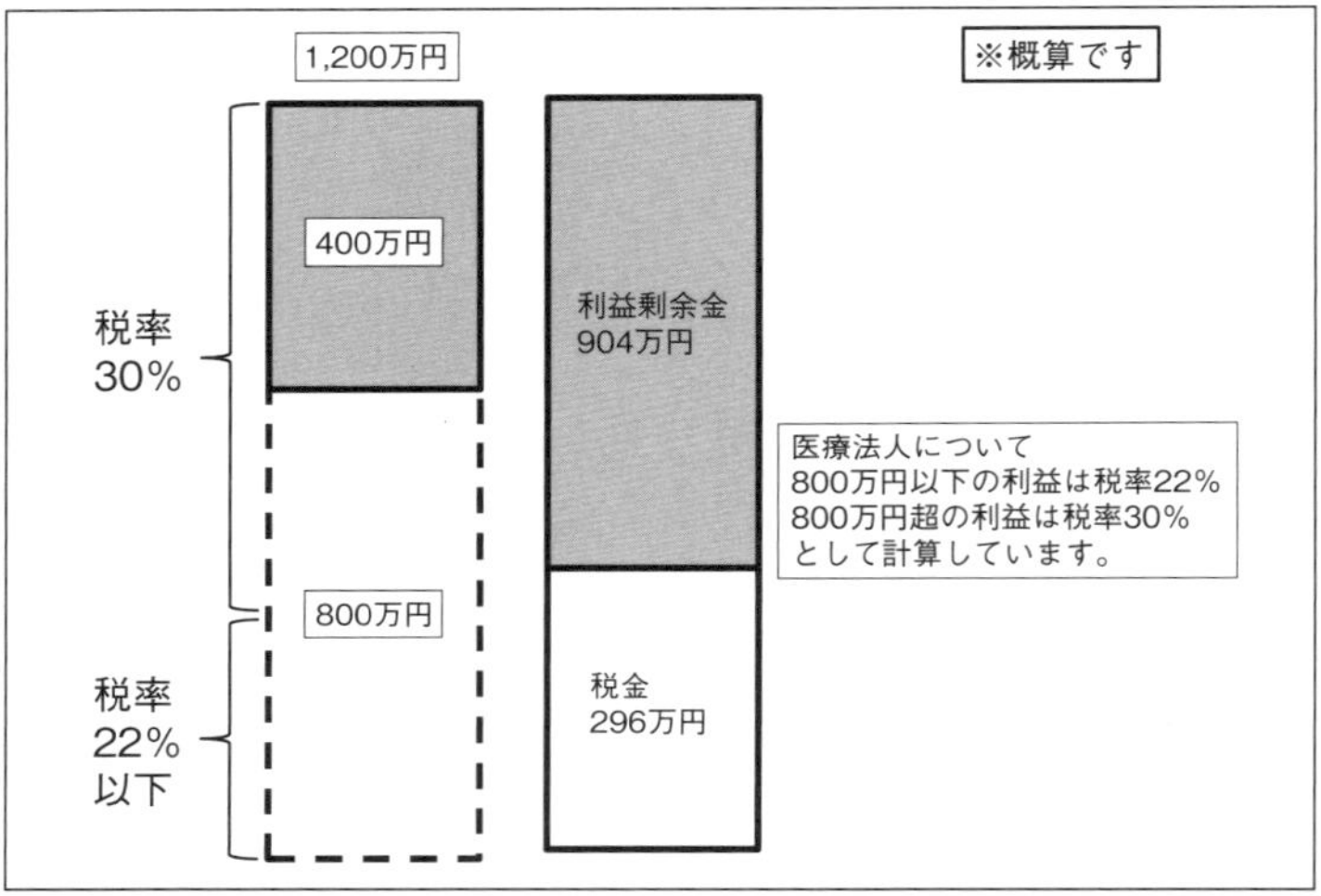

牧野　先生は、なぜ医療法人化したのですか？

医師　それは節税できると言われたからです。

牧野　それでいくら節税できたのですか？

医師　それが節税できていない気がするんです。しかも1年目から利益が出てしまっていきなり法人税を収めて、何のために医療法人化したのかよく分からなくて…。

牧野　なるほど、それはお困りですね。でも先生、ちゃんと節税できていますよ。

医師　それはどういうことですか？

牧野　はい、それは医療法人で出てしまった1200万円の利益のことです。もし医療法人化していなかったら、その医師　１２００万円はどうなっていましたか？

牧野　それは私の所得が１２００万円増えるのではないですか？

医師　はい、そのとおりです。するとその１２００万円にはいくら税金がかかるのかご存知ですか？

牧野　半分でしょう。

医師　そのとおりです。だから税金は６００万円です。ところで先生、医療法人ではいくら税金を納めましたか？

牧野　そういえば、そんなに納めていないですね。確か３００万円以下でした。

医師　詳細は決算書を拝見しないと分からないのですが、個人ですと６００万円の税金を納めるのに医療法人になって税金が少なくなっていますね。

牧野　なるほど節税できていたんですね。少しホッとしました。ところで妻（理事）の報酬を上げたいと思うのですが、なぜ難しいんですか？

医師　それは理事である奥様のお仕事の内容と量の問題だと思います。失礼ですが、先生の奥様は何か資格を持っておられますか？

牧野　いいえ、特には何も持っていません。

医師　では医療法人でどんな仕事をどれくらいされていますか？

医師　それは伝票の仕分けをしていることになっていますが、実際には特に何もしていません。

牧野　もし従業員の方が同じように働いたら、先生ならいくらお給料を払いますか？

医師　それは実際に働いていないのですから、給料は払いません。

牧野　そうですよね。でも報酬月額50万円も払っていますね。実は今でも実態に対しては払いすぎなのです。だから税理士の先生は『これ以上は増やせない』と言ったのだと思います。税務署が調査に来た時には説明のしようがありませんから。

医師　なるほど、スッキリしました。それから、ここからが本題なのですが、生命保険を有効活用したいのです。お得な生命保険はありますか？

牧野　ごめんなさい。お得な生命保険はありません。ただ先生のお考えやご希望が分かればピッタリの生命保険を一緒に探すことはできますよ。

医師　どういうことですか？

牧野　大切なことは目的です。何のために生命保険を活用したいのか？　また、いつ使いたいのか？　そして予算はいくらなのか？　そのことが分からないと選びようがありません。

医師　まずは、医療法人の節税と退職金です。そして老後の安心です。

牧野　はい、分かりました。では先生、以前にご説明したように医療法人に残した金額に応じて節税できます。だからといって必要以上に理事長報酬を減らせば楽しくなくなります。そこを考えてください。毎月いくら手取りが必要ですか？

医師　毎月150万円あればいいです。

牧野　それなら理事長報酬を月額250万円に設定して年収3000万円。4200万円との差額1200万円を医療法人に移しましょう。そして現在の利益の1200万円と報酬を下げて移した1200万円。合計2400万円をうまく活用して退職金を準備しましょう。

医師　それはいいですね。

【解決プラン】

２４００万円のうち８００万円を法人に残し、１６００万円を活用して退職金を準備することにしました。保険料は理事長と相談の上、１２００万円と決まりました。

逓増定期保険を活用しました（数字は概算で表示しています）。

・契約者　医療法人
・被保険者　理事長
・保険料　1200万円（年払い）
・支払期間　74歳

※契約の支払期間は74歳ですが、理事長の引退時に解約して退職金の原資とします。

理事長が65歳で退職希望ですから、実際には（65歳－55歳）＝10年間となります。
支払額合計　1200万円×（65歳－55歳＝10年間）＝1億2000万円
10年後の解約返戻率は90％です。
1億2000万円×90％＝1億800万円となります。……❶

※年齢・性別・保険会社によって違います。個別の具体的な設計につきましては各保険会社の担当者にお問い合わせください。

また、法人の利益800万円には22％の法人税がかかります。
したがって法人の利益剰余金（税引き後の残る資金）は、
800万円×（100％－22％）＝624万円

そして10年後は（利息は計算に入れていません）、
６２４万円×10年＝６２４０万円となります。……………❷

この❶＋❷＝１億７０４０万円が退職金の原資となります。

医師　今すぐ理事長報酬を下げて、このプランに加入したいので、すぐに理事長報酬を下げますね。

牧野　先生、それはムリなんですよ。

医師　どうしてですか？

牧野　はい、理事長報酬の変更は決算後３ヵ月以内と決まっているんです。医療法人の決算は６ヵ月後ですね。だから６ヵ月後の決算の後に理事長報酬を下げてから加入の手続きをしましょう。

この先生はその後決算を迎えて理事長報酬を下げ、さらにその11ヵ月後に再度決算内容を確認して加入の手続きを取りました。

・理由①　理事長報酬を下げて、その下げた金額が医療法人に利益として残るのは次の決算前になるからです。

・理由② 生命保険は毎年同じ金額を支払います。だから目一杯の金額で加入すると、利益が少なくなった年度には支払いが厳しくなることも考えられます。だから保険料は慎重に余裕を持って設定したいからです。

結果として良いプランができました。

第3章では2件のケースについてお話ししました。

そのほか、

・個人で相談を受け、医療法人化のお手伝いをして法人化してからのプラン
・医療法人の資産が2億円になって、このままでは相続時に莫大な相続税がかかるので、医療法人の資産を25％の税率で個人に移転するプラン
・医療法人の利益が上がっていて、生命保険に加入したいが、理事長の健康診断が通らず、困っていた医療法人での生命保険加入プラン
・医療法人で勤務医の先生に長く勤めてもらうための、勤務医専用福利厚生プラン

等々いろいろなケースに対応できます。

いずれの場合にも、第2章でも述べたように、

・目的を明確にする
・その資金の必要な時期と必要額を明確にする
・多くのプランや商品の中から最適な商品やプランを選ぶ
・金融の専門家の意見を聞く

等といったことが大切となります。

第4章

MS法人を活用してお金を残す

＜本書で暫定的に使う税率表＞

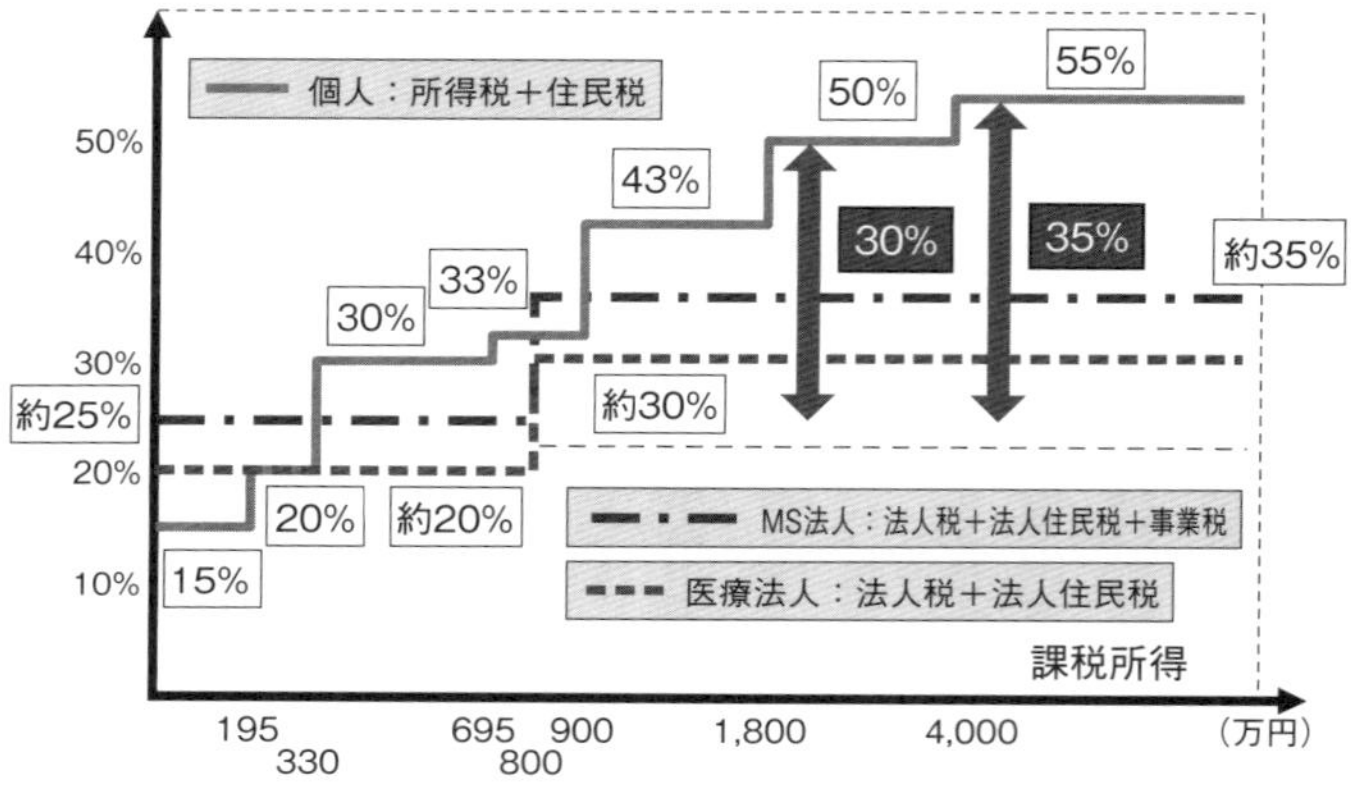

※復興増税については加味していません。
※「個人」の「社会保険診療報酬以外の収入」には「個人事業税」が「5%」加算されます。
※法人税は約で表示しています。
※法人税の800万円以下については、租税措置法によって変わる可能性があります。

この章では個人・医療法人・一般法人の税率は上図の数字を使います。実際の計算につきましては、顧問税理士等専門家にご相談ください。

1 ＭＳ法人とは？

ＭＳ法人（メディカル・サービス法人）とは、医院が行うことのできない営利事業を担わせるために設立された「会社」、医院の医療業務と管理業務を分離して設立された「会社」とも言えます。つまり、通常の会社そのものです。法律上「ＭＳ法人」という法人形態があるわけではありません。

ＭＳ法人は一般の法人ですから何でも

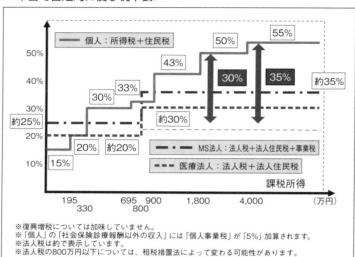

できるのですが、実際には医院との関連業務が中心となります。

〈医業以外の医院の管理業務とその他の業務の例〉

・レセプトの請求
・薬品の卸売
・医院の事務
・会計管理
・不動産の賃貸
・医療機器の賃貸
・車の賃貸
・コンタクトレンズの卸売
・化粧品等の卸売り
・健康食品やサプリメントの卸売
・介護サービスや高齢者専用賃貸住宅等医療に隣接する営利ビジネス

等々

❷ MS法人の意義とは?

一般的には、「節税目的」が多いように思います。医院や医療法人で多額の利益が出ると、それに伴って納税額も増えます。その時に節税の方法の一つとしてMS法人の活用があります。

ただ、すべての診療科目でMS法人が有効かと言えば、そうでないケースもあります。

また、節税対策より大切なMS法人の存在意義としては次のようなことが挙げられます。

①医療法人ではできない営利活動ができる

②医療法等の影響が及ばないため、都道府県に干渉されることがない

※MS法人は会社法、医療法人は医療法、したがって監督官庁が違います。

❸ MS法人のデメリット・メリット

〔デメリット〕

①売上が1000万円以上になると消費税の納税義務者となる

ＭＳ法人は医院の業務委託料や賃貸料が売上の中心となります。その売上が１０００万円以上になると、消費税の課税業者となります。その場合は消費税の納付が必要となります。したがって、消費税の納付金額と節税額とのメリット・デメリットを計算する必要があります。

②法人の事務処理や決算等の手間とコストが必要になる

ＭＳ法人は一般の法人と同じですから、税の申告が必要となります。その場合、税理士報酬がかかります。また日々の売上や入金等の事務管理コストも発生します。その手間とコストをよく計算する必要があります。

③医院の利益をMS法人に移転するので、医院で利益が出なくなると意義が希薄になる

メインの医院や医療法人の利益があるからＭＳ法人の存在意義があります。その医院の売上が落ちてきて利益が出なくなると、ＭＳ法人に移転する利益がなくなります。そうなった場合、ＭＳ法人の維持管理コストだけが残り大きな負担になります。

④最近は税務調査が厳しいので、院長個人や医院との取引が否認される可能性がある

通常、MS法人の社長は先生の奥様や親族が就任されます。いわゆる同族会社です。またMS法人の売上は医院からの委託料や不動産等の賃料が大半を占めています。その委託料や賃料の設定に対して税務調査が厳しくなっています。また税務調査の際に否認されることもあります。否認されればMS法人の設立の意味がなくなります。否認されないための正当な取引や根拠を準備しておくことが大切です。

〔メリット〕

①利益は法人税が適用となり節税できる

MS法人は一般の会社です。したがって通常の法人税率が適用されます。個人の税金（所得税＋住民税）と比較して低くなっていますので、先生個人の所得をMS法人に分散することで節税効果が図れます。

②内部留保を株主に配当できる

医療法人では医療法により配当が禁止されています。そのため利益が出ると内部留保が貯まりやすくなります。

旧型医療法人では、内部留保が持ち分の増加につながりますが、医療法人の承継や相続の時に多額の贈与税や相続税が発生する可能性があります。ＭＳ法人を活用することで所得の分散ができ、結果として医療法人の内部留保を抑えることができます。またＭＳ法人は内部留保を配当することもできます。

新型医療法人では、残余財産が国または地方公共団体に帰属することになっていますので、ＭＳ法人を活用することで残余財産を抑える手段にもなります。

③役員を奥様や親族にすることで役員報酬の所得分散になる

個人の所得税は累進課税になっています。先生一人で多額の所得があると１８００万円を超える所得には50％課税されます。４０００万円超には55％課税されます。その一部をＭＳ法人に移転し、さらに奥様や親族等を役員にすることで役員報酬を支払うことができるので、この所得分散により節税が図れます。

④医療法人ではできない事業ができる

本章の冒頭「ＭＳ法人とは？」でお話ししたように医療法上、医療法人ではできない事業をすることができます。

このようにMS法人にはデメリット・メリットがありますので、よく比較検討して税理士等専門家と相談して活用してください。

なお、株主を奥様や親族等にすることにより、仮にMS法人に内部留保が貯まり株価が上昇したとしても、株主は親族ですから、先生が死亡された際の相続税の心配もありません。

❹ MS法人活用での間違い

私が今までに先生方と相談してきたなかで、よくあるMS法人活用の間違いについてお話しさせていただきます。

①MS法人で税金を払いたくないので、年度末に無理に経費を使って利益「0」にしている

MS法人のメリットの一つに低い税率が適用されることがあります。資本金1億円以下の中小企業で利益400万円以下の場合の税率は約25%です。つまり400万円の利益に課税される税金は約100万円です。したがって残るお金（利益剰余金）は約300万円です。

ところが無理に必要のないものを買って４００万円経費を使えば、税金は「０」になりますが、残るお金も「０」になります。これでは無意味です。ＭＳ法人に移転した所得のうち、８００万円以下（税率約25％）は残すことでお金（利益剰余金）が残っていくのです。

②節税できると勧められて過大な生命保険に加入

前述の①でもお話ししましたが、お金（利益剰余金）を残すには適正な利益が必要です。ところが税金を少なくすることだけにフォーカスして無理に過大な生命保険に加入してしまうと、そのことで資金繰りが苦しくなることもあります。「税金を減らすことより、手取りを増やすこと」を考えてください。

③先生が被保険者として過大な生命保険に加入

ＭＳ法人の社長は奥様または親族です。多くの場合、先生は役員でもなく、給料も支給されていないか、あってもわずかです。少し考えると分かることですが、一般企業で役員でもない一従業員が社長や役員の何十倍もの保障の生命保険に加入することはありません。あくまでもＭＳ法人は奥様が社長ですから、奥様を被保険者として適正な生命保険にご加入ください。

【事例1】

・院長　歯科医　50歳
・奥様　専従者　48歳
・開業15年目
・売上　　　　1億1000万円
・院長課税所得　　5000万円
・奥様の専従者給与　840万円
・ビル内の診療所
・できれば長く現役でいたい

〔院長の相談内容〕

・個人の税金が高い
・医療法人は窮屈だと聞いているのでイヤだ
・節税目的でMS法人を設立したいがどうすればいいのか？
・またMS法人は、損か得か知りたい

・老後資金を貯めたい

この院長は、ＭＳ法人さえ作れば節税ができて、税金をほとんど払わなくてもよいと考えていました。また個人の税金についてもよく理解されていませんでした。

牧野　先生、確かにこれだけの所得があれば税金は高くなります。ただ個人開業医は、（売上）－（経費）＝（所得）となります。だから先生個人の税金を大幅に下げることは難しいと思います。

院長　そうですね。だからＭＳ法人を考えているのですが、実際のところよく分からなくて困っています。

牧野　確かにＭＳ法人は方法の一つとして考えてもよいのですが、その前になぜ医療法人はイヤなのですか？

院長　まず、窮屈だと聞いています。経費にしても制限があったり、使い道が厳しかったりで、友人もやめたほうがいいと言っています。

牧野　はい、確かに個人と比べて厳しくなります。でもそれは仕方がないことですからね。ところで先生は何歳で引退をご希望ですか？

院長　できれば長く現役でいたいのですが、本当は分からないのです。もしかしたら65歳くらいでできなくなるかもしれませんし、老後が不安です。

牧野　そうですね。長く現役を希望されている先生には医療法人は向いていないかもしれませんね。ではMS法人を考えてみましょう。

そこでこの歯科医院の顧問の税理士と院長で相談して、MS法人を設立しました。

・奥様が社長に就任
・無理のない範囲内で業務委託と賃貸を実施（年間2200万円）
・社長の報酬を年間840万円に設定

【解決プラン1】

ガン保険を活用しました。

※数字は概算で表示しています。

・契約者　MS法人
・被保険者　社長（奥様）

・保険料　600万円（年払い）
・支払期間　終身支払い

※契約の支払期間は終身ですが、院長の引退時に解約して社長（奥様）の退職金の原資とします。
※この保険は、保険料の2分の1が経費（損金算入）となります。今回のケースでは３００万円が経費となります。この３００万円に対する税金が軽減されることになります。法人税率30％とすると、３００万円×30％＝90万円の法人税の軽減効果が見込めます。

たとえば院長が65歳で退職すると、
６００万円×（65歳－50歳＝15年間）＝９０００万円

※奥様を被保険者とした保険ですが、院長が退職したら同時に解約するので保険料の払込期間は院長の年齢で計算しています。

15年後の解約返戻率は85％です。
９０００万円×85％＝７６５０万円となります。
またＭＳ法人に残る利益剰余金も奥様の退職金の原資の一部になります。

※年齢・性別・保険会社によって違います。個別の具体的な設計につきましては各保険会社の担当者にお問い合わせください。

【解決プラン2】

院長と奥様個人の老後資金として個人契約で年金保険を活用しました。

①院長のプラン

※数字は概算で表示しています。

・契約者　院長
・被保険者　院長
・保険料　50万円（月払い）
・支払期間　65歳まで
・支払額合計　50万円×12ヵ月×(65歳－50歳＝15年間)＝９０００万円
・年金の年間受取額　７００万円（66歳から80歳まで15年間受け取れます）
・受取額累計　１億５００万円

※年齢・性別・保険会社によって違います。個別の具体的な設計につきましては各保険会社の担当者にお問い合わせください。

②奥様のプラン

※数字は概算で表示しています。

・契約者　奥様
・被保険者　奥様
・保険料　30万円（月払い）
・支払期間　65歳まで
・支払額合計　30万円×12ヵ月×(65歳－48歳＝17年間)＝６１２０万円
・年金の年間受取額　４８０万円（66歳から80歳まで15年間受け取れます）
・受取額累計　７２００万円

※年齢・性別・保険会社によって違います。個別の具体的な設計につきましては各保険会社の担当者にお問い合わせください。

院長に小規模共済の加入について確認したら、すでに加入されていましたので、そのまま続けていただきました。

この院長の場合、すべてがご希望通りとはいきませんでした。毎回先生方のご要望をかなえたいと努力をするのですが、私の力不足でできないこともあります。しかしながら、現状におけるベストなプランであると認めていただくことはできました。

個人で生命保険を活用する場合は、損金（経費）を使えません。税引き後の資金での支払いとなります。

そこで大切なことは、

①期間が長いので、保険料は無理をしない

②銀行預金との比較で有利な方を選択すること

です。

【ＭＳ法人活用の留意点】

ＭＳ法人は、うまく活用できれば大きな節税効果が図れますが、活用方法が難しいことも事実です。顧問税理士等専門家とよくご相談ください。

第5章

Q＆A　開業医の先生方から
よくある質問

Q1 お金を預けた金融機関が破綻したらどうなるのですか？

A

先生方がお金を預けている金融機関のうち、①銀行等、②生命保険会社、について簡単に説明いたします。

①銀行等

銀行等の金融機関には「預金保険機構」があります。

※「預金保険機構」のホームページより一部抜粋

預金保険機構で保護される預金等の額は、

・**決済用預金**（無利息、要求払い、決済サービスを提供できること、という三要件を満たす預金）は全額

・それ以外の預金等（「**一般預金等**」と言います）は一金融機関ごとに預金者一人当たり元本1000万円までと破綻日までの利息等

となります。

※このようにあらかじめ決められた範囲内で実際に保護される預金等を「付保預金」と言います。

一般預金等のうち、元本１０００万円を超える部分および預金保険の対象外である預金等ならびにこれらの利息等は、破綻金融機関の財産の状況に応じて支払われるため、一部カットされることがあります。

簡単に説明しますと、銀行等に先生が預けたお金は一金融機関につき１０００万円まで保護されます。それを超えた分は全額補償されるわけではありません。

詳細については預金保険機構のホームページでご確認ください。

②生命保険会社

生命保険会社の場合は、「生命保険契約者保護機構」があります。

※「生命保険契約者保護機構」のホームページより一部抜粋

保険契約の移転等における補償対象契約は、運用実績連動型保険契約の特定特別勘定に係る部分を除いた国内における元受保険契約で、高予定利率契約を除き、破綻時点の責任準備金等の90％まで補償されることが、保険業法等で定められています。

なお、保険契約の移転等の際には、責任準備金等の額の削減に加え、保険契約を引き続き適正・安全に維持するために、保険料等の算定基礎となる基礎率（予定利率、予定死亡率、予定事業費率等）の変更が行われる可能性があり、その結果、保険金額が減額されることがあります。

「責任準備金」とは、生命保険会社が将来の保険金・年金・給付金等の支払いに備え、保険料や運用収益などを財源として積み立てている準備金のことで、保険業法により積み立てが義務付けられているものです。

簡単に説明しますと、生命保険会社に先生が預けたお金は、破綻時の責任準備金等の90%が法律で補償されます。また、責任準備金とは多くの場合、解約返戻金に解約控除を加算した額となります。

詳細については生命保険契約者保護機構のホームページでご確認ください。

※なお証券会社につきましては、「証券保管振替機構」があります。

Q2 ペイオフ解禁後、実際にペイオフが実施されたことがあるのですか？

A

平成22年９月10日、日本振興銀行が経営破綻し、初のペイオフが発動されました。同日に東京地方裁判所へ民事再生法の適用を申請しています。

では日本振興銀行の場合はどうなったのでしょうか？

※「預金保険機構」のホームページより一部抜粋

日本振興銀行は、債権者集会（平成23年11月15日開催）で可決され、東京地方裁判所の認可決定を受けて確定した再生計画に基づき、平成24年４月２日までに第１回弁済（弁済率39％）による弁済金の支払いを行いました。

つまり、１０００万円を超えた分の弁済が実施されたのは破綻後1年半以上経過した平成24年４月２日です。また１０００万円を超えた分の弁済は39％でした。残りの61％は弁済されていません（平成24年４月２日現在）。

Q3 医療法人です。保険営業の人から「この保険は税金の軽減になる」と説明されるのですが、それはどういう意味で、どんなメリットがあるのですか?

A

生命保険は種類や契約方法によって、保険料の一部または全額が経費（損金算入）となります。損金算入された金額がその年度の利益を引き下げることになりますから、その損金額に対する税金が減額されることになります。それで今期の税金が軽減されると説明しているのだと思います。

医療法人で今期利益が出ているのであれば、生命保険を活用すると利益を減らすことができ、税金を少なくすることができます。

そのこと自体は悪いことではないのですが、その前に知っておくべきことがあります。

・支払った保険料が将来戻ってくるのかどうかについて、戻ってこなければ単にムダに経費を使っただけとなります。

・戻ってきたとしても金額が少なければ、これもムダに経費を使ったことになります。

・将来、その生命保険を解約した時、解約返戻金に対する税金については、タイミングを間違えると解約時に利益が発生して結果として課税されることになります。

・生命保険を解約した時に発生する雑収入の処理について、そのプランを明確にしていないと解約するタイミングを失することになります。
・急に資金が必要になった時に、生命保険は活用できます。借入れをしたり、解約をしたりできます。どの場合にどの方法を選べばいいのか、そしてその方法の説明を受けておくべきです。

大切なことは、
・先生のライフプランに沿っているのか？
・必要な時に、必要なお金が準備できているのか？
・この先も払い続けられるのか？
等を考えて生命保険に加入することです。単に今年の税金だけの説明で生命保険に加入すると、後で「こんなはずじゃなかった」と後悔することが多いように思います。

Q4 顧問の税理士から生命保険を勧められましたが、どうしたらいいですか？

A

顧問税理士の方から生命保険に勧められて生命保険に加入すること自体は悪いことではありません。先生の財務状況もよく知っているはずですから。また税理士の方も生命保険の代理店をしたり、生命保険会社と提携しているケースがよくあります。税理士の皆さんは税金のプロです。だから税金については卓越した知識を持っています。しかし生命保険についての知識は人によってバラつきがあります。

生命保険は期間の長い金融商品ですので、その長い期間いろいろなケースに対応できる知識が必須となります。だから以下①～⑨の知識について確認されることをお勧めします。

※以下の知識は生命保険を最大限活用するために最低限知っておくべき基本的なことです。

① 払済保険の活用と手続き
② 延長定期保険の活用と手続き
③ 解約手続き
④ 生命保険が失効した場合の手続き

⑤復活の手続き
⑥復旧の手続き
⑦失効の活用法
⑧契約者貸付制度の手続き
⑨契約者自動振替サービスについて

このような質問をされて、よくご存知であれば安心だと思います。もし税理士の方がご存知でない場合は、生命保険についてはプロに相談されることをお勧めします。

Q5 最近良い生命保険が発売になったと勧められますが、やはり新しい生命保険の方がいいのでしょうか？

A

それは一概には言えません。生命保険は、同じ保険であれば若い人の方が安く加入できます。したがって、若い頃に加入した生命保険は同じ内容であれば変更する意味はありません。勧められた生命保険の保障内容が必要か不要かを検討してください。

でももっと大切なことがあります。それは「なぜ今新しい生命保険に加入する必要があるのか？」を確認することです。つまり、先生の状況が大きく変化したのであれば検討する必要はあるかもしれません。でも特に変化がないのであれば、まずは現状の保険の確認から始めることをお勧めします。

開業医の状況の変化とは、例えば次のようなことです。

・医療法人化した
・新たに借入れをした
・借入れを完済した
・お子様が大学を卒業した（教育費負担の終了）

・最近利益が出ている
・老後の資金を考える時期になった
・医院の事業承継を考える時期になった
・もうすぐ退職する
・閉院した

このような場合には、今ご加入の生命保険を見直しをしたり、新たに加入を考える時期だと思います。

巻末資料

開業医の相続対策

元 国税調査官
相続専門税理士
内田 誠

この章では、私こと内田誠のささやかな経験の中で気づいた、開業医の先生方が特に気をつけたほうがよい（私見ですが）と思われることだけをピックアップしてお話しします。総合的な相続対策と生前贈与対策につきましては、別の機会にお話しさせていただきます。そのことをご理解いただきましてお読みいただきますようお願いいたします。

ここで私がなぜ「国税局を退職して相続税専門の税理士をしているか？」を少しお話しさせてください。

まず、私が国税局を退職した理由からお話しします。

私は、税務署において納税者から提出された「相続税の申告書」をチェックし、調査するしないを判定する仕事を長くしていました。この際、気づいたことは、相続税対策ができているものとできていないものがあり、大多数は対策ができていない申告書でした。

相続税についての対策を行ったか行っていないかで、数百万〜数千万円の税額の違いが生じますので、「この職場を辞めて、多くの方に節税を知ってもらえる機会を持ちたい」と考えました。

税務署に提出される「相続税の申告書」の9割以上は、税理士が作成したものであるにもかかわらず、前述のとおり対策ができていない申告書です。さらに、多くの税理士は、法人税や所得税の申告書作成を主な業務としているため、相続税の申告に携わる機会も少なく、土地等の評価についての誤りも数多く見られましたので、相続税に精通した税理士として開業した次第です。

Ⅰ　相続編

【開業医における相続の問題点について】

民法が定める相続人は、配偶者と子・直系尊属・兄弟姉妹の血族相続人です。つまり、医師資格の有無や医療事務への関与の有無に関係なく、相続人すべてに相続権があります。民法どおりに相続が開始されると、医療用機器や事務用機器、さらには病院・診療所までが医療に携わっていない相続人に帰属することになり、事業承継どころか病院経営が立ち行かないことになりかねません。

仮に、先生が医院の後継者に対して病院・診療所の経営に必要な資産を相続させると遺言した場合であっても、他の相続人から遺留分減殺請求権が行使されることも考慮しなければなりません。

当たり前ですが、「先生の目の黒いうち」に相続が「争族」になることはありません。だから事前の対策が必要なのです。

事前の対策として有効な方法には、

・医院の後継者以外の相続人に相続させる現金を準備しておく
・医院の後継者以外を受取人とした生命保険に加入しておく
・相続人全員の前で遺言書を作成する

等があります。

【遺留分と遺留分の減殺請求】

もともと相続財産は被相続人の財産ですから、遺言によってその財産を誰に与えようが全く自由です。しかし、これを自由として許すと、被相続人の財産によって生計を維持していた相続人が生活に困る場合があります。

そこで、兄弟姉妹以外の相続人に相続財産の一定割合の承継を保障したのが「遺留分」です。したがって、遺留分を有する相続人は、たとえ被相続人が相続財産の全部を遺言によって第三者に遺贈しても「遺留分減殺請求権」を行使して遺留分を取り戻すことができます。

1．遺留分権利者

遺留分権利者は、兄弟姉妹以外の相続人、つまり、配偶者、被相続人の子（代襲相続人を含みます）、直系尊属がこれに該当します。遺留分権利者における遺留分の割合は相続人の構成によって変わります。事前にご確認ください。

2．遺留分の減殺請求

遺留分の問題は、遺留分減殺請求権の行使と言えます。たとえ、遺留分を侵害する遺言でも、遺言内容をそのまま実行することができます。遺留分とは、遺言が実行された後に、財産の多くを相続した者に対して請求できる一つの権利に過ぎません。遺留分を侵害されたとしても、この請求権を行使するしかないかは、あくまで各相続人の判断に任せられています。

したがって、遺留分があるからといって自動的にその分の相続財産が得られるということではありません。

【相続において先生が知っていると得すること】

●相続税が課税される財産と課税されない財産

相続税とは、死亡により、その被相続人の財産を無償で相続人などが引き継ぐことに対してかかる税金です。その引き継ぐ財産の中には、相続税がかかる財産とかからない財産があります。相続税のかかる財産には本来の相続財産とみなし相続財産があり、相続税がかからない財産には非課税財産があります。

1．本来の相続財産

相続税がかかる財産は、被相続人から相続や遺贈（遺言による財産承継）により取得した財産です。ここでいう財産とは、金銭に見積もることができる経済的価値があるすべてのものを言います。

具体的には、土地、借地権、建物、立木、事業用財産、有価証券、預貯金、現金、家庭用財産、貸付金、貴金属、宝石、書画骨董などです。

2. みなし相続財産

みなし相続財産とは、被相続人が死亡したときに所有していた財産ではありませんが、相続税の計算上、相続財産とみなされて課税されるものです。具体的には次に掲げる財産です。

①相続や遺贈によって取得したものとみなされる財産

死亡退職金、被相続人が保険料を負担していた場合の死亡保険金などがこれに相当します。なお、死亡退職金や死亡保険金には非課税控除があります。

②被相続人から死亡前3年以内に贈与により取得した財産

相続や遺贈で財産を取得した者が、被相続人の死亡前3年以内に被相続人から財産の贈与を受けている場合には、原則としてその財産の贈与された時の価額を相続財産の価額に加算します。

③相続時精算課税の適用を受ける贈与財産

被相続人から、生前、相続時精算課税の適用を受ける財産を贈与により取得した場合には、その贈与財産の価額（※贈与時の価額）を相続財産の価額に加算して相続税額を計算します。

$$配偶者の税額軽減 = 相続税の総額 \times \frac{①と②のうちいずれか少ない金額}{課税価格の合計額}$$

① 課税価格の合計額 × 配偶者の法定相続分（1億6000万円に満たない時は1億6000万円）

② 配偶者の課税価格

3．非課税財産

相続税がかからない財産のうち、主なものは次のとおりです。

①墓地や墓石、仏壇、仏具、神を祭る道具など日常礼拝をしているもの

②宗教、慈善、学術、その他公益を目的とする事業を行う一定の個人などが相続や遺贈によって取得した財産で公益を目的とする事業に使われることが確実なもの

③相続や遺贈によって取得したとみなされる生命保険金のうち500万円に法定相続人の数を乗じた金額までの部分

④相続や遺贈によって取得したとみなされる退職手当金等のうち500万円に法定相続人の数を乗じた金額までの部分

4．配偶者の税額軽減

被相続人の配偶者は、被相続人の財産形成に貢献しているという

点や同一世代間の財産移転であり、近い将来に相続が発生し、相続税が課税されることなどを考慮して、前ページの計算式により求められた金額が算出相続税額から軽減されることになっています。

Ⅱ　贈与編

【開業医における贈与の問題点について】

贈与税（暦年課税）は贈与する財産が増えると急カーブで高くなります。したがって、贈与は長年にわたり、配偶者や子供だけでなく、子供の配偶者や、孫など、数多くの相手に行うことで、税負担が軽く済みます。相続税の税率と贈与税の税率を比較検討し、早くから計画的に行うことが重要です。

なお、生前贈与をする際には、配偶者に贈与するより、次の世代の子や孫に贈与した方が税金の計算上は有利です。配偶者は同世代の場合が多く、配偶者の相続の時に再度、相続税の対象となるからです。

【よくある贈与におけるトラブルの事例】

1．名義預金

相続税の申告の時に、配偶者や子供名義の預金が、亡くなった夫（父）のものではないかと疑われることがあります。つまり、子供の名義の預金でも、父親が生前中に贈与したものなのか、それとも単に名義を借りただけのものなのかということです。

単なる名義を借りたということであれば、その子供名義の預金は亡くなった父親のものとして相続税の対象となります。

贈与した預金の通帳も印鑑も父親が持っているということでは、贈与したことになりません。贈与する場合には、父親の通帳から子供の通帳へ振り込み、通帳も印鑑も子供が管理することが必要ですし、さらに、１１０万円を超える贈与をして贈与税の申告と納税をすることも相続税の調査対策になります。

2．連年贈与

「現金５００万円を5年に分けて贈与する」のと「1年目１００万円を贈与、2年目１００万円の贈与、3年目１００万円の贈与……5年で５００万円の贈与をしていた」とでは、法的に贈与額が全く異なります。

つまり前者のケースでは、「最初の年に500万円の贈与があった」と認定されて高い贈与税を納めることになってしまいます。贈与することが、その年に決まったということが説明できるように、毎年贈与の時期をずらす、金額を変える、贈与する物を変えるなどしておくと無用のトラブルを避けられます。

3．不動産の登記名義

住宅新築資金を父親が出したのに、子供の名前で登記したり、子供名義で登記された家屋に父親が増改築をしたような場合には、贈与とみなされ贈与税が課税されます。

また、マイホームの購入に充てるために、子供が父親からお金を借りた際、「あるとき払いの催促なし」や「出世払い」にしたいというような時は贈与とみられます。親子間でも金銭消費貸借契約書を取り交わし、きちんと毎月返済し、証拠を残す意味からも返済を銀行振込にするなどしておくと無用のトラブルを避けられます。

4．生前贈与加算

相続開始前3年以内に行われた贈与は相続税の対象となります。

5. 親族間の貸借

親子間で土地の貸し借りをする場合に、通常は権利金を支払う地域で権利金のやり取りがなくても、地代が無償または固定資産税相当額以下（使用貸借の場合）の時は贈与税の問題はありません。

しかし、権利金を支払わず、通常の地代を支払っていると、借地権が贈与されたとして贈与税が課税されるので注意が必要です。

【配偶者に対する贈与の特例措置を有効に活用するには】

婚姻期間が20年以上経過した夫婦間において、居住用財産を贈与した場合、一定の要件を満たせば、通常の贈与税の基礎控除110万円に加え、2000万円の特別控除が受けられます。

1. 贈与税の配偶者控除

贈与税における配偶者控除の制度は、夫婦間における財産の蓄積は夫婦相互の協力によるものであり、また、夫婦間における財産の贈与は、夫婦の一方の死後における生存配偶者の生活の安定を考慮して行われるのが実情であることなどから、それを考慮して設けられたものであると言われています。

この制度の内容は、その年に婚姻期間20年以上の配偶者から、もっぱら居住の用に供する土地、借地権などの権利あるいは家屋（以下「居住用不財産」という）または金銭の贈与を受けた場合において、それが次の①または②のいずれかに該当する時は、その贈与を受けた配偶者の贈与税については、課税価格から２０００万円（２０００万円未満の時はその合計額）が控除されるというものです。

①その贈与により取得した居住用不動産を翌年の3月15日までに、その配偶者の居住の用に供し、かつ、その後も引き続いて居住の用に供する見込みである時

②その贈与により取得した金銭で翌年の3月15日までに居住用不動産を購入してその配偶者の居住の用に供し、かつ、その後も引き続いて居住の用に供する見込みである時

2. 配偶者控除の留意点

この配偶者控除の適用に際して、その者の婚姻期間が20年以上であるかどうかは、贈与の時の現況で判定し、婚姻の期間については、民法上の婚姻期間、すなわち婚姻の届出の

日から贈与があった日までの期間によって計算することとなっています（1年未満の端数切り捨て）。

〈参考〉贈与税額の計算

〈算式〉
（受贈価格）　（特別控除額）　（基礎控除額）　（課税標準額）
3000万円　－　2000万円　－　110万円　＝　890万円
（課税標準額）　（税率）　（控除額）　（贈与税額）
890万円　×　40％　－　125万円　＝　231万円

相続対策として、先生方がすぐにでも着手できる「贈与税」を少し詳しく説明しました。
というのも、先生方が顧問の税理士から贈与のアドバイスを受けていないのではないかと考えたからであり、また、最初にも述べましたが、私が税務署でチェックしていた「相続税の申告書」の大半が、贈与を使った相続税の軽減対策すらできていないものだったからです。

さらに、相続税の軽減対策は、贈与を活用する以外にも、いろいろな対策があり、これらの対策を複合的に行うことにより、より大きな効果を得ることができるのです。

最近は、「相続税に強い」や「相続税専門」といった税理士も増えていますので、数年に一度は「セカンドオピニオン」として、顧問税理士以外の相続対策を得意とする税理士に「診て」もらうことをお勧めします。

【監修者プロフィール】

税理士法人 WEST BRAIN 大阪支店
税理士　内田　誠（ウチダ　マコト）

昭和46年生まれ。

平成7年甲南大学大学院を修了後、大阪国税局に就職。

大阪国税局では、大口困難な相続税の物納・延納を、税務署では、相続税・譲渡所得税の調査のほか、相続税の納税猶予事務や路線価の設定などに従事していた。

平成19年に大阪国税局を退職し内田誠税理士事務所を開業後、縁あって、平成22年1月から相続税に強い「税理士法人 WEST BRAIN」に加入する。

大阪国税局を退職後、税理士の年間平均申告件数約0.7件を大幅に上回る申告を行っているが、元国税調査官として調査案件の選定や税務調査を行っていた経験から、調査が来ない申告書の作成を心がけることにより、相続税申告の平均調査割合が約3割である中、関与した相続税申告の調査割合が1割以下という実績がある。

さらに、実際に調査が行われた場合も、税務職員の調査手法や思考回路を熟知しているため、相続税の平均申告漏れ課税価格約3,000万円を大幅に下回る平均約700万円と税務調査対策にも力を発揮している。

また、相続税だけでなく、総合的に節税を図るコンサルティングも行っており、法人を活用した税金対策も得意分野である。

平成29年末までに約500件の相続税申告に携わる。特に平成29年は100件超の相続税申告に携わった。

【著者プロフィール】

牧野　克彦（マキノ　カツヒコ）

自動車ディーラーのトップセールスからヘッドハンティングで生命保険業界（ソニー生命）に転身。その後独立し、平成17年より㈱ウイッシュアップ代表取締役社長。

大阪No.1の開業医財務コンサルタントとして、開業医の先生方の「お金を貯める」プロとして活躍。現在、大阪を中心に250院所の先生方のお金を残すお手伝いをしている。過去、個別相談をした件数は300院所を超え、また開業医向けの財務戦略セミナーも定期的に開催。関西弁の飄々とした語り口調が好評を得ている。過去参加された先生は2000名超。

「投資を勧められた開業医の90％が損をしています。一番大切なことは、安全・確実にお金を残すこと。また税金を減らすことより、手取りを増やすことを考えた方がよりお金が残ります。そして先生のお金の心配をなくして、医療に専念できる環境を提供したい」

その信念のもと、税務・経営・金融商品等必要な知識の勉強を常に怠らず、自らも成長するための投資は惜しまず活動中。

資格：ファイナンシャル・プランナー（AFP）
　　　MDRT成績資格終身会員23回登録

株式会社ウイッシュアップ
〒541−0043 大阪府大阪市中央区高麗橋4−5−13 淀屋橋サテライトビル702
TEL 06−6201−5577 FAX 06−6201−5511
E-mail info@e-wishup.com
※開業医専用ホームページは「牧野サポート」で検索。

〈改訂新版〉
開業医が知っていると得する
稼いだお金の上手な残し方
実は生命保険でできるんです！

2012年10月13日初版発行
2018年6月26日改訂初版（通算第4刷）

著　者　牧野　克彦
監　修　内田　誠
発行者　楠　真一郎

発行所　株式会社近代セールス社
〒164-8640　東京都中野区中央1-13-9
電話　03（3366）5701　FAX　03（3366）2706
装　丁　与儀　勝美
印刷・製本　株式会社木元省美堂

ISBN 978-4-7650-2115-9